古典文獻研究輯刊

二八編

潘美月・杜潔祥 主編

第 9 冊

言出法隨：《採運皇木案牘》校箋與研究（下）

瞿 見 著

國家圖書館出版品預行編目資料

言出法隨：《採運皇木案牘》校箋與研究（下）／瞿見 著 ——
初版 — 新北市：花木蘭文化事業有限公司，2019〔民 108〕
目 8+186 面；19×26 公分
（古典文獻研究輯刊 二八編；第 9 冊）
ISBN 978-986-485-686-2（精裝）
1. 採運皇木案牘 2. 研究考訂
011.08   108001133

ISBN-978-986-485-686-2

9 789864 856862

古典文獻研究輯刊
二八編　第 九 冊　　　　　ISBN：978-986-485-686-2

言出法隨：《採運皇木案牘》校箋與研究（下）

作　　者　瞿見
主　　編　潘美月　杜潔祥
總 編 輯　杜潔祥
副總編輯　楊嘉樂
編　　輯　許郁翎、王筑　美術編輯　陳逸婷
出　　版　花木蘭文化事業有限公司
發 行 人　高小娟
聯絡地址　235 新北市中和區中安街七二號十三樓
　　　　　電話：02-2923-1455／傳真：02-2923-1452
網　　址　http://www.huamulan.tw 信箱 hml810518@gmail.com
印　　刷　普羅文化出版廣告事業
初　　版　2019 年 3 月
全書字數　263836 字
定　　價　二八編 12 冊（精裝）新台幣 30,000 元

言出法隨：《採運皇木案牘》校箋與研究（下）

瞿見　著

目

次

下　冊

卷 二

一、禀藩憲

　　爲直陈木差利獘，仰请〔1〕　憲示〔2〕飭遵〔3〕以便办公，以期無误〔誤〕事。窃照〔4〕楚〔楚〕南〔5〕額办年例解京木植，向係桅、杉二木，在扵黔省苗地採買。其架、槁並保水護木，在扵本省沅郡〔6〕之托〔7〕口、常郡〔8〕之德山二處聚木闗口，竪〔豎〕斿採办。遇有江西、安徽商人運木過闗，每百根內抽买一根；其餘本省各處商販運木過闗，每百根內抽买二根。俟桅、杉、架、槁等木採辦齐全，即在德山河下紮簰北運。此歷来辦理之章程也。○○扵乾隆四十二年，曾〔曾〕奉委辦一届〔屆〕，奉有旧章，今復蒙

憲台飭委○○接办辛丑年例木，原可照舊〔舊〕办理，何敢復行置喙，上瀆〔瀆〕〔9〕

憲懷？然○○既經承辦一次，其中利獘，雖不敢云盡知，而已略識大概。謹就○○阅〔閱〕歷所及，叅〔參〕以管窺之見，不採冒昧，缕〔縷〕晰直陈。伏乞　憲鉴〔鑒〕。

　　一〔10〕、額办桅、杉正数之外，冝〔宜〕酌带備木〔11〕，竝酌增護木也。查額辦桅木二十根，叚〔12〕木三百八十根，架、槁木一千六百根。此外，例准委員自帶保水護木四千根。原之已屬周全，何敢復叅末议〔13〕。但自楚運京，统〔統〕计水程〔14〕五千有零〔15〕，由洞庭、

－165－

達長沙，渡黃河、過閘溜〔16〕，經濤涉险〔險〕，保無疎虞。即如○○前屆運木，簰抵洞庭之圍山〔17〕，陡遇風暴〔18〕，吹至舵桿洲〔19〕，將簰纜推斷，漂失護木二千五百根。雖俟風平浪静，会〔會〕同巴陵縣熊令〔20〕募船打撈，已不及十分之一。幸梘、杉大木尚無疎失，此赖〔賴〕有保水護木之益也。是以○○復扵巴陵水次〔21〕補买木植，保護前進。今○○愚見，应以正梘廿根之外，多帶備梘四根；正叚杉三百八十根之外，多帶備杉四十根；扵原之護木四千根之外，再酌增一千。均令委員设〔設〕法購足，有盈無绌〔絀〕〔22〕，庶防備既周，而保護益固，似扵公務益昭愼重矣。

一、採办梘、杉二木，应请咨明黔省也。查額辦梘、杉二木，向付黔省黎平府屬毛坪、王寨、卦治聚木苗地採买，委員到彼，身屬客官，不独喚应〔23〕不靈，即该處行户〔24〕、苗販竝外来客商，無不心存歧視。況〔況〕梘木每根之價二十兩，近年山窮木小，巨材難得，而欲求其圍長丈尺與之例相符，周身竝無空疤破損之病者，实難其選。在苗販得之，固視为奇〔奇〕貨，而衆商見之，亦靡不贊〔贊〕为良材。一徑委員號买，難免髙抬市價之獎，甚至每根索價五、六十金至七、八十金不莘。更有一二狡诈〔詐〕行販〔25〕，明知委員例限將屆，勢難相强，不得不用重價向买〔26〕。以有限之定價，焉能足利徒之慾壑？至杉木一项，其圍長尺寸較梘略小，雖採辦尚易，但額数過多，欲求其合式者，亦只可千中選一。凡屬苗販，運木到埠，無不願薈賣〔27〕而嫌零折，即所在客商，見有好木，亦無不羣相争买，此固人情之常。委員扵中検〔檢〕選，买其合式而棄其所餘，是以该處行販每多舞獎，或行户串同苗販，不遵号〔號〕买，髙抬價值；或客商勾通行户，將合式大木争先搶买。種＝〔種〕阻撓，不一而足。应请

憲台詳请〔28〕

撫部院〔29〕，咨明

貴州撫部院，轉檄〔30〕黎平府出示嚴禁〔31〕，庶该行户、客商知所畏惧〔懼〕，不致阻撓，实为公便〔32〕。

一、額木之價，宜加意節省，以済公務也。查年办例木額之價值，由来已久。不但歴無加增，且解繳　部、科飯食銀一百八十两，竝回覆採買丁役〔33〕飯食，紮籂篸纜〔34〕、板片、犁錨、篷索〔35〕、漲船等項，以及長途駕運人夫工食，一切褾費，又悉無開銷，向於額〔額〕之木價之中，均匀動用。大凡市物之貴賤，今昔懸殊。此差歴办以来，日漸〔漸〕艱難，亦不独楚省爲然。○○前次運木進京，中途得遇江西、南京運木委員，備悉江西办運例木，曰〔因〕額費不資，係详之〔36〕通省州縣內，按廉〔廉〕派帮〔37〕；而南京例木，亦曰官辦维〔維〕艱，係由江寧府将額價发交木行捴〔總〕商承辦，於办齐後，仍令木商繳出一切運費，交与委員北運。是楚省既無州縣派帮之例，又無殷实木商堪以承办，全在委員因时调〔調〕剂〔劑〕，茚用得宜，方於公務無悞〔誤〕。设或〔38〕奉行鮮當，靡不掣肘〔39〕萬狀〔40〕。遠年委員之遲誤，無弖比論。即如承办乾隆四十年例木之原任岳州府通判莫如忠〔41〕，因办理不善，直至本年始奉糸銷差，此其明驗也。○○既深知利獎，敢不益加警惕，倍矢勤慎〔42〕，以冀〔冀〕無負

憲台委任之至意。然欲求無悞，必湏茚用。而茚用之法，又贵乎得宜，未可执〔執〕一而論也。如桅木之價二十两，近年大木甚少，市價本昂，实難如之價而購。每根必得酌增二、三十金，始能採獲。如杉木之價八两零，必視聚木之多寡，酌量採買。每根之中，或可茚省一、二兩，以補購桅之不弖。如架木之價一錢八分，槁木之價一錢二分，向在托口、德山二處，於經過商販中分別〔別〕抽買，酌量发價，亦可於之價內稍为茚省，以資雜用。然商販中贤〔賢〕愚不一，如安徽、江西商人，頗知急公奉上〔43〕之義，凡有過關者，無不順從抽買。惟本省小販，多係常、辰、沅郡〔44〕竝靖州民人。其中间〔間〕有一二刁徒，或仰藉父兄充當府縣書差，或倚〔倚〕恃親故現为该地牙行〔45〕，因而朋比为奸，串同阻撓，且有竟赴所在地方，捏〔捏〕情妄稟者。揆厥〔46〕所由，皆缘〔緣〕額之木價为衆共知，而一切褾用、運費之例無開銷，乃衆所不知者。是以每逢委員採办架、槁、護木，不独私

販執以額有之價，疑为委员侵蝕短发、任意誅張〔47〕，即所在地方官，非久扵楚南者，亦不能備知底裡，保無偏聽之議。以明正之公務，轉致啓人疑慮，似覺未協。○○愚見，应请

憲台，將額之木價係連一切雜用统行在內之處，通飭常、辰、沅郡、靖州各地方官明白曉谕〔諭〕，使行户、商販咸知详悉。庶伊等運木過關，照例抽买，不致有阻撓之獘矣。

一、委员、丁役，冝愼選嚴束也。查採办例木，向在苗地、托口、德山水次採买，竝扵靖州地方，如访〔訪〕有楖木，亦应往購。是委员一身，勢难〔難〕處＝（處）親到，事＝〔事〕親办。不得不遴選丁役，分路赶〔趕〕办，方無贻〔貽〕误。然丁役之中，奸良不一，恐有藉端滋事，必需委员週歷各處，嚴加察查，有犯必懲。但牙儈市棍，在所皆有，或把持行市，或故擾公務，亦殊多未便。应请通飭常、沅二郡，竝靖州各地方官，一竝出示嚴禁。设或丁役滋事，或地棍生端，自应委员与地方官彼此移照〔48〕，秉公查办。在委员固不可廻護丁役，峁咎小民，而地方官亦不得偏聽刁词〔詞〕，妄懲丁役。庶丁役不致滋事，而地棍亦知歛〔斂〕跡，扵公務实有裨益。

以上四條，实为木差利獘。○○曰公起見，冐〔冒〕昧直陈，是否允恊〔協〕〔49〕，仰祈〔50〕

憲台批示遵行。湏至招禀者。〔51〕

【校箋】

〔1〕仰请：仰，敬語，有謙卑的語氣。上行文書中表示向上級恭敬地請求某事。
參見劉文傑：《歷史文書用語辭典》（明·清·民國部分），第51頁。

〔2〕憲示：憲，稱呼上級表恭敬。示，指示。參見劉文傑：《歷史文書用語辭典》（明·清·民國部分），第115頁。

〔3〕飭遵：命令下級遵辦。參見雷榮廣等：《清代文書綱要》，第254頁。

〔4〕窃照：上行文書中，凡陳述自己意見，或完全敘述事實，即以此語起首。
「照」有查看、考察之意，故而用於有事實依據或有陳案引述的情形，

說明這些事實不查自明。參見劉運國、梁式朋主編：《公文大辭典》，成都：電子科技大學出版社 1992 年版，第 404 頁。

〔5〕楚南：即「湖南」。清曹申吉有七律詩〈楚南〉：「偶向瀟湘聽斷猿，斑斑千載泣龍孫。楚南近日蒼生淚，不是當年帝子痕。」

〔6〕沅郡：即沅州。

〔7〕尫，應訛，當為「托」。

〔8〕常郡：即常德。

〔9〕上瀆：上，向上；瀆，輕慢。參見陳文清主編：《文秘詞典》，瀋陽：遼寧人民出版社 1987 年版，第 364 頁。

〔10〕一，此處及本篇以下各段首之「一」，均單抬。

〔11〕備木：嘉慶《大清會典事例》卷六百七十〈木倉〉：「嗣據四川省於五十年解到杉木正木一根，備木二根，餞木九根。」又有名「副木」者，見同篇：「由四川解到杉木正木一根，副木二根，餞木十二根。」

〔12〕叚，原抄本此處先寫有「杉」字，後刪去，在右旁小字改為「叚」字。

〔13〕末議：微末之議，為自謙之詞，意即所陳述之意見瑣細而無關緊要，不足為論。參見陳文清主編：《文秘詞典》，第 351 頁。

〔14〕水程：水路之里程。參見李鵬年等編著：《清代六部成語詞典》，第 193 頁。

〔15〕自楚運京，統計水程五千有零：卷一之十七〈常德府德山至張家灣水路程途〉：「自湖南常德起程，共五千三百廿五里至張家灣。」

〔16〕閘溜：溜，指水勢湍急迅猛。閘溜，指從水閘處流出的水流。參見杜建春編：《濟寧歷代詩選》（上），北京：中國社會出版社 2011 年版，第 253 頁。又，閘門下水流湍急處為溜塘。張煦侯《淮陰風土記》：「〔清江〕閘下溜塘深廣，望之使人眼花。」參見《清河區志》編纂委員會編著：《清河區志》，南京：江蘇古籍出版社 2003 年版，第 705 頁。

〔17〕圍山：顧炎武《天下郡國利病書》冊三十五：「瀏陽水出大圍山。」

〔18〕暴，原抄本「暴」字下部寫作「恭」。

〔19〕舵桿洲：位於洞庭湖君山以西六十哩，居於西湖之中心。為方便雲、貴兩省及常、澧等地船隻之往來，雍正九年（1731 年）曾修築舵桿洲石臺，以供船隻停泊。參見湖南省地方志編纂委員會編：《湖南通鑑》，長沙：湖南人民出版社 2007 年版，第 286 頁。

〔20〕巴陵縣熊令：「熊令」者，即時任巴陵縣知縣「熊懋獎」。嘉慶《巴陵縣志》卷十五：「熊懋獎，豐城人，〔乾隆〕三十六年任〔知縣〕，後陞同知。」其自述採運例木時間爲「乾隆四十二年」，熊懋獎自乾隆三十六年至四十二年在任巴陵縣知縣。據《巴陵縣志》載，李恩宜於乾隆四十三年繼任。

〔21〕水次：次，即「處」，舍址之處曰「次」。水次，指水路應到達的地方，亦即「臨水之處」，如運輸漕糧，應按時到達水次兌運。參見李鵬年等編著：《清代六部成語詞典》，第 166 頁。

〔22〕有盈無绌：有所盈餘，而無不足。

〔23〕「应」，原抄本此處寫爲「靈」字，其右另有「应」字，雖未見刪改符號，但據文意，應意指更正爲「应」。又，見本卷之十〈示（一）〉、十一〈又示〉、十四〈移遠口司（一）〉、十五〈移天柱縣〉、十六〈移黎平府（三）〉及二十四〈移黎平府（四）〉，均有「呼应不靈」句可證。

〔24〕行户：一般指加入商行的商戶。黃六鴻《福惠全書》卷二〈定買辦〉：「行戶多非土著，而商賈又係遠方。」在清水江木材貿易中，起先茅坪、王寨、卦治三寨作爲交易集中地，其地之人家住戶逐漸形成了借居投宿之「伙店」、「伙鋪」，可以任意歇客。雍正初年，錦屏設立總木市，三寨乃有「木行」，店家即稱爲「行戶」，其設立變爲專門人家之利。參見《錦屏縣林業志》編纂委員會編：《錦屏縣林業志》，第 299～300 頁。另，關於清代州縣的行戶與行會，可參見魏光奇：《有法與無法：清代州縣制度及其運作》，北京：商務印書館 2010 年版，第 289 頁及以下。

〔25〕行販：流動經商之商販。

〔26〕向买：例見卷四之十六〈致鈕公（十三）〉：「设或靖河及此间透漏桅、段到托，則無銀向买。」

〔27〕蔓賣：猶批發，整批出售。

〔28〕詳请：上報請示。

〔29〕撫部院：即指巡撫。清代各省巡撫多兼兵部侍郎及都察院右副御史銜，故稱巡撫爲「部院」。

〔30〕轉檄：轉送，轉行。意即某外來文件，不由本衙門直接辦理而轉送其他衙門。此語表明文件傳遞關係。檄，用以徵召、曉諭或聲討的文書。參見雷榮廣等：《清代文書綱要》，第 252～253 頁。

〔31〕出示嚴禁：亦可簡稱爲「示禁」。類似的情況，參見劉運國等主編：《公文

大辭典》，第 389 頁。

〔32〕実為公便：清代平行文書中，用以向受文者表達感激和盼望的用語，多用
　　　爲結束語。「公便」，即謂「便於公事」。參見劉文傑：《歷史文書用語辭典》
　　　（明・清・民國部分），第 92～93 頁。

〔33〕採買丁役：「丁役」本指服勞役之丁，此處指採辦例木人員。

〔34〕篢纜：即竹纜。

〔35〕篷索：《古今圖書集成》卷一百七十八〈漕舫〉：「凡舟中帶篷索，以火麻秸
　　　（一名大麻）絢絞，粗成徑寸以外者，即係萬鈞不絕。若繫錨纜，則破析
　　　青篾爲之。其篾線入釜煮熟，然後糾絞。拽繙篢亦煮熟篾線絞成，十丈以
　　　往，中作圈爲接彄，遇阻礙可以掐斷。凡竹性直，篾一線千鈞，三峽入川
　　　上水舟，不用科絞篢繙，即破竹闊寸許者，整條以次接長，名曰『火杖』。
　　　蓋沿崖石稜如刃，懼破篾易損也。」（即宋應星《天工開物》。）

〔36〕详之：審查決定。

〔37〕按廉派帮：廉，指養廉銀。《清實錄・宣宗成皇帝實錄》卷二百三十一〈道
　　　光十三年癸巳二月〉：「滇省每年應扣捐數，以額支養廉計算，未及三成。
　　　自督撫司道起，按廉扣捐，並非專派州縣，事屬以公濟公。」幫，即幫助、
　　　幫貼。《清實錄・高宗純皇帝實錄》卷三百八十七〈乾隆十六年辛未四月〉：
　　　「惟收受派幫銀兩，則罪無可逭。」

〔38〕设或：表假設，如果。

〔39〕掣肘：《六部成語註解》：「辦事有所妨礙曰掣肘，比如有人欲伸手取物，傍
　　　人若執其肘，則不能取。」參見內藤乾吉等：《六部成語註解》，第 20 頁。

〔40〕萬狀：多形容程度極深，猶萬分。

〔41〕莫如忠：嘉慶《巴陵縣志》卷十五：「莫如忠，高明人，進士，〔乾隆〕三
　　　十九年任〔岳州府運糧通判〕。」

〔42〕勤慎：《六部成語註解》：「清慎勤謹，不貪曰清，不妄言妄行曰慎，不懶惰
　　　曰勤，修品行曰謹。」參見內藤乾吉等：《六部成語註解》，第 20 頁。

〔43〕急公奉上：《六部成語註解》：「急公奉上，言臣民急於爲公以奉事其君上
　　　也。」見內藤乾吉等：《六部成語註解》，第 164 頁。

〔44〕常、辰、沅郡：即常德、辰州、沅州。清有辰沅永靖道，轄三府、四直
　　　隸廳。另外，湖南木商有西湖五幫之稱，即常、辰、沅、靖、永（永順）。

參見王國宇主編：《湖南經濟通史》（現代卷），長沙：湖南人民出版社 2013
年版，第 42 頁。

〔45〕牙行：專爲撮合買賣雙方、說合貿易，從中收取佣金之行業，亦稱爲「牙
商」，又稱「牙儈」等，如今之行紀。參見李鵬年等編著：《清代六部成語
詞典》，第 186 頁。

〔46〕揆厥：揆，思度；厥，其。

〔47〕譸張：欺誑。《尚書·無逸》：「民無或胥譸張爲幻。」孔傳：「譸張，誑
也。」

〔48〕移照：移，移文，指明清時期平級機關的來往文書之一，作動詞時，表示
向某平級機關發出文書。參見劉文傑：《歷史文書用語辭典》（明·清·民
國部分），第 154 頁。

〔49〕允恊：恰當、適當。

〔50〕仰祈：上行文書中，表示恭敬地請求上級批示某事，以便遵照執行的用
語。參見劉文傑：《歷史文書用語辭典》（明·清·民國部分），第 52 頁。

〔51〕「摺稟者」以下，原抄本此行之左，即有殘損，所幸以存者觀之，下半頁所
餘部分均無內容。又，原抄本此頁爲單面，據原抄本裝訂處留痕，其背面
應被撕去。

二、移黎平府（一）

爲咨行各省等事。本年八月初六日奉

藩憲牌開〔1〕云云〔2〕等因〔3〕。奉此〔4〕，查楚南解京例木，向在

貴治之毛坪、王寨、卦治等處產木地方豎旂採办，久經通行在案〔5〕。

兹△廳現在赴省領銀，親臨購买。今特先遣丁役前往毛坪，豎旂選号。

诚恐該寨各行販，或高抬市價，或串同木商，将合式大木争先搶买，

以致悮公，均未可定。合〔6〕先牒明〔7〕

堂台〔8〕，请烦〔煩〕〔9〕查照〔10〕牒內事理，祈即出示曉谕〔11〕該寨各
木行及前販、客商人等一體恪遵〔12〕，均毋阻撓舞斃，实为公便。須至
牒者。

【校箋】

〔1〕牌開：「開」，即「開列」之意，清代公文用語，用於引述下行文或平行
文。「牌開」者，即「牌文中開列」，領敘詞。另有如「咨開」、「函開」、
「令開」等。有時提示引文開始，只寫文種名稱，而將「開」字省略。
參見劉文傑：《歷史文書用語辭典》（明·清·民國部分），第 7 頁；余同
元等主編：《蘇州房地產契證圖文集》，第 395 頁。

〔2〕云云，原抄本二小字一在右上、一在左下。○云云：如此、這樣。爲原引
文隱略之代語，代替所引敘之某段原文或某須套引的公文。據云，書吏
謄正時，則在「云云」處裝入應錄寫之字句。這一做法在清代文稿中較
爲普遍，免去了不必要的抄錄之繁。而此處之「云云」，或因係草稿而便
寫，或僅爲隱去節略。參見劉文傑：《歷史文書用語辭典》（明·清·民
國部分），第 6 頁；雷榮廣等：《清代文書綱要》，第 51 頁。

〔3〕等因：清代公文用語。因，即「情因」。凡引敘上級或平行文件中的內容，
或律例、法規等，引文結束時慣用「等因」二字，意爲所引文字爲行文
的依據及論事之因，實際上相當於今日句號和後引號的作用。參見劉文
傑：《歷史文書用語辭典》（明·清·民國部分），第 163 頁；余同元等主
編：《蘇州房地產契證圖文集》，第 395 頁。

〔4〕奉此：清代公文用語。上行文承接語，用於引敘上級來文之後，與「等因」
連接使用，由此轉入引申段，提示以下文字是接到來文之後的辦理情況。
參見劉文傑：《歷史文書用語辭典》（明·清·民國部分），第 79、163 頁；
余同元等主編：《蘇州房地產契證圖文集》，第 395 頁。

〔5〕久經通行在案：此屬文書成語，例見祝慶祺《刑案匯覽》卷四十二〈毆大
功以下尊長〉：「嗣後卑幼毆死期功尊長，如係疑賊誤毆致斃者，悉照毆死
尊長本律擬罪，久經通行在案。」在案，有案可查，簡短敘述前已發生的
事情完結後，可用「前奉批准在案」、「詳報鈞部在案」等語，以此表示所
敘述之事已經留備檔案以供稽考。參見劉文傑：《歷史文書用語辭典》（明·
清·民國部分），第 44 頁。

〔6〕合：公文書中常有「應當」之意，常用以歸結全文，說明本文宗旨、目的。
參見劉文傑：《歷史文書用語辭典》（明·清·民國部分），第 48 頁。

〔7〕牒明：「牒」，公文書種類，清代前期用爲平行文書。參見王銘：《文種鈎
沉》，北京：中國檔案出版社 2007 年版，第 266 頁。「牒明」，見嘉慶《大

清會典事例》卷二百九十七〈教職考覈〉：「訪查的實，即行牒明州縣，
仍移知府學辦理。」

〔8〕堂台：舊時下屬對上級官吏的尊稱。參見「老堂臺」條，鄭恢主編：《事物
異名分類詞典》，第331頁。

〔9〕请烦：公文用語，用於平行文書中，請求和希望受文者予以辦理本文書
中所述之事。參見劉文傑：《歷史文書用語辭典》（明・清・民國部分），
第142頁。

〔10〕查照：公文用語，即審查明白，平行文書中表示請求受文者將本文所述之
事審查清楚，或按照文件內容（辦理）。參見劉文傑：《歷史文書用語辭典》
（明・清・民國部分），第100頁。

〔11〕出示曉谕：「曉諭」可爲動詞，亦可爲名詞。「出示曉諭」可簡稱爲「示諭」。
參見劉運國等主編：《公文大辭典》，第389頁。

〔12〕恪遵：恭敬而遵照。參見劉樹孝等主編：《法律文書大辭典》，西安：陝西
人民出版社1991年版，第191頁。

三、移黎平府（二）

　　莘曰。[1]奉此，查楚南解京例木，向在　貴治之毛坪、王寨、卦
治三崗產木地方豎旂採办，久經遵行在案[2]。茲○廳現在赴省領銀，親
臨購買。今特先遣丁役前往毛坪，豎旂号买。诚恐该寨各行户，或串
同苗販，髙抬市價，或勾通客商，将合式桅、杉大木混行争買，以致悞
公，均未可㝎。合先牒明。爲此，牒呈[3]
堂台，请烦查明牒內事理，祈即出示曉谕该寨行販、客商人等一體遵照
[4]，均不得阻撓舞獘，实为公便。湏至牒者。[5]

【校箋】

〔1〕莘曰：「等因」原爲引文標誌，此處即以此略去前文。

〔2〕久經遵行在案：此亦屬文書成語，例見張廷玉《澄懷園文存》卷四：「填注
切實考語，咨送內部，內部照依分爲上中下三等，彙造清冊，進呈御覽，
久經遵行在案。」

〔3〕牒呈：清代公文行文之一種。乾隆《大清會典則例》卷七十三〈儀制清吏

司・相見儀〉載如：「文移府用關文，同知、通判用牒呈」，「直隸州、知
州見上司及接屬員，與知府同與各府，皆用牒呈」，「兩司首領等官與府，
用牒呈」，「文移知州用牒，儒學用牒呈」等。嘉慶《大清會典》卷二十三
〈儀制清吏司四〉有所總結：「府佐貳行知府，州、縣佐貳行州縣，各用
牒呈；知府行直隸州、知州，用墨筆照會，直隸州、知州行知府，用牒呈；
府、廳、州、縣行兩司首領，均用關文；兩司首領行知府，用牒呈，行廳、
州、縣，用關文；州、縣行儒學，用牒，儒學行州、縣，用牒呈。」

〔4〕遵，原抄本該字有塗改痕跡，原寫爲「均」。○遵照：要求下級或民眾按所
述之情形辦理之意。參見王銘：《文種鉤沉》，第 668 頁。

〔5〕「湏至牒者」後，原抄本本篇結尾之左一行（即該頁之最末一行）寫有「移
常德府」四字，而緊隨之下一頁起始，亦另有「移常德府」四字，即爲
下一篇之標題。是以此四字連續重複出現，或衍，或爲抄本非只一版之
證據。

四、移常德府（一）〔1〕

　　爲咨行各省等事。本年十月初六日奉　藩憲牌開，照得〔2〕该倅〔3〕
委办辛丑年解京桅木二十根，杉木三百八十根，架、槁木一千六百根，
保水護木四千根。照依　部頒尺式，前往常、辰、沅、靖及黔省一帶採
办，详奉批〔4〕飭遵在案。所有该倅应領木價銀三千九百五十二兩三錢
六分，除將銀兩照數給发来役領回外，合行〔5〕飭知。为此，牌仰〔6〕
该倅即便〔7〕遵照，將发来銀兩查收，作速〔8〕前往產木各處，照依　部
頒尺式，將应办各項木植如式上緊〔9〕採办，依限报〔報〕解。再奉　部
行取〔10〕

欽安殿〔11〕長九丈五尺五寸旂杆木〔12〕一根，又，長八丈五尺五寸桅木
二根，一竝上緊峀〔留〕心跴〔踩〕访〔13〕，務得合式大木，詳请报解。
毋稍玩視〔14〕，有干未便〔15〕，愼速〔16〕计发尺式一咠〔17〕等因。奉此，
○廳遵即〔18〕親至

貴治，循照向例，在扵德山河埠〔19〕，竪旂採办，扵經過各客商木簰中，
每百根內抽買一、二根，以爲架、槁、保水護木之用。竝访購

欽安殿〔20〕旂杆、桅木，以濟报解。但查河洑、陝市〔21〕、白馬渡莘處，间有牙僧市棍〔22〕，串同滋事。或遇合式桅、杉及架、槁莘木到埠，勾通客商，私行偷過；或包攬客商木植，不遵選買。種＝〔種〕阻撓，有碍公務。合就〔23〕備文，牒明　貴府，请烦查照，轉飭〔24〕武、桃兩縣〔25〕出示曉谕各處木行、商販人等一体〔體〕恪遵憲檄〔26〕。如遇合式大木，及經過簰筏，应俟○廳照例選買，毋许〔許〕阻撓滋事，实爲公便。湏至牒者。

【校箋】

〔1〕「移常德府」前，原抄本在第 38 頁背面之末行，及第 39 頁正面之首行，均寫有「移常德府」文字，此處僅錄一處。

〔2〕照得：照，查照。意即不需要查閱檔案，而得到的結果。下行文書及少數平行文書中，凡是既非依據其他機關來文，又非憑藉檔案而發表自己意見者，即可用此語領敘。常見於文書開首的事由套語之後，一般以此起首，下接發文者自己的議論語句。參見劉文傑：《歷史文書用語辭典》（明·清·民國部分），第 173 頁。

〔3〕倅：州、郡長官的副職，宋時爲「通判」之俗稱。參見呂宗力主編：《中國歷代官制大辭典》，第 694 頁。

〔4〕奉批：上行文書中，表示接到上級批語的用語。參見劉文傑：《歷史文書用語辭典》（明·清·民國部分），第 79 頁。

〔5〕合行：即「擬合就行」，意爲應當、應該。表應當時用於下行文書，相當於上行文書中之「理合」及平行文書中之「相應」等語。參見劉文傑：《歷史文書用語辭典》（明·清·民國部分），第 49 頁；雷榮廣等：《清代文書綱要》，第 257 頁。

〔6〕仰：仰，命令。下行文書中表示要求下級遵行某事之用語。參見劉文傑：《歷史文書用語辭典》（明·清·民國部分），第 51 頁。

〔7〕即便：下行文書中，表示命令下級收到文書後立即予以遵照實行的用語。參見劉文傑：《歷史文書用語辭典》（明·清·民國部分），第 76 頁。

〔8〕作速：從速、趕快。

〔9〕上緊：趕快、加緊。

〔10〕行取：乾隆《大清會典則例》卷三十八〈庫藏〉：「以上應解各物，如庫貯足用，則停解，不足用，則行取。屢年增減無定數。」

〔11〕欽安殿，雙抬。○欽安殿：在北京故宮，位於故宮中軸線上，是御花園中的中心建築，始建於明永樂十八年（1420 年）。殿坐北向南，東西開垣牆門，紅牆黃瓦，殿基爲漢白玉石須彌座。參見薛虹主編：《中國皇室宮廷辭典》，長春：吉林文史出版社 1998 年版，第 268 頁。

〔12〕旂杆木：欽安殿西南有香亭，亭前有一座夾旗桿石座，高 2.1 米，寬 1.4 米，四面浮雕雲龍紋及海水江崖紋，清季此處樹立高大旗桿。本處所說旗桿木，應即指此。參見張加勉編：《解讀故宮》，合肥：黃山書社 2013 年版，第 154～155 頁。

〔13〕踅访：探詢、查訪。

〔14〕玩視：猶忽視、輕視。

〔15〕有干未便：告誡下級用語，意即若有所疏失，與你自己帶來不便。另有如「致干未便」，參見劉文傑：《歷史文書用語辭典》（明·清·民國部分），第 130 頁。

〔16〕愼速：即快速。陳法《猶存集》卷三〈申飭冊結舛錯檄〉：「如再仍前，任其草率蒙混，致令上憲駁查，定提玩承究處，決不姑貸。愼速！飛速！」（顧久主編：《黔南叢書》，貴陽：貴州人民出版社 2008 年版，第 77 頁。）

〔17〕尺式一帋：此處說明前述欽安殿用木應有一紙單列明尺式。此處尺寸具體爲「長九丈五尺五寸旂杆木一根，又，長八丈五尺五寸桅木二根」，而附卷之二〈燈竿木〉：「燈竿木，三根。一根長九丈六尺，頭徑二尺二，稍□……二根長八丈六尺，頭徑二尺，稍徑□……」。且原抄本〈燈竿木〉一篇，雖有殘缺，但係單獨寫於一紙。雖然尺寸略有區別，但或有關聯。

〔18〕遵即：承轉語，意即奉令後立即遵照辦理。參見劉運國等主編：《公文大辭典》，第 416 頁。

〔19〕河埠：亦作「河步」，河流中船舶停靠處或渡口。

〔20〕欽安殿，雙抬。

〔21〕陬市：又名陬溪，在常德上游，沅江上游的木材匯集於此，是木材貿易的大市場。參見常州市木材公司編：《常州市木材志（1800～1985）》，第 88 頁。

〔22〕市棍：市井無賴。

〔23〕合就：應當、應該。下行文書中，表示歸結全文大意，並說明應當如何
　　　辦理的用語，一般出現於歸結段落。參見劉文傑：《歷史文書用語辭典》
　　　（明‧清‧民國部分），第50頁。

〔24〕轉飭：飭，誥誡。轉飭，表示上級機關來文代爲轉往所屬下級機關，並命
　　　令其遵照辦理的用語。參見劉文傑：《歷史文書用語辭典》（明‧清‧民國
　　　部分），第84頁。

〔25〕武、桃兩縣：指常德府轄下之武陵縣、桃源縣。

〔26〕憲檄：稱長官所發檄文的敬詞。

五、移沅州府

　　等旦。奉此，○廳遵即親至　貴治，循照向例，在于黔陽縣〔1〕托
口地方豎旂採办，拎經過各客商木簰中，每百內抽买一、二根，以为
架、槅、保水護木之用。竝访購

欽安殿〔2〕豎杆桅木，以凴报解。诚恐该地行户、市棍串通阻撓，或不
遵選買，或高抬市價，以致掣肘误公，亦未可乄。除出示嚴禁外，合就
備文，牒明　貴府，请烦查照，轉飭黔陽縣出示晓〔曉〕谕托口行户、
商販人荨，一体恪遵　憲檄，如遇合式大木，及經過簰筏，应俟○廳照
例選買，毋许阻撓滋事，实为公便。湏至牒者。

【校箋】

〔1〕黔陽縣：位於湖南西部，沅水上游。北宋元豐三年（1080年）置縣，治今
　　黔城鎮。參見萬里主編：《湖湘文化大辭典》（上卷），第38頁。

〔2〕欽安殿，雙抬。

六、移辰州府〔1〕

　　等旦。奉此，○廳遵即循照向例，親赴黔省苗地，竝黔陽縣托口
荨處聚木地方採办各項木植，陸续〔續〕運赴常郡德山水次紮簰運京。
所有採獲各項木植，除設立印票〔2〕，载〔載〕明根数，運抵　貴闗〔3〕，

呈票驗放外，合就備文，牒明　貴府，请煩查照牒內事理，祈即飭令在闆書役，如遇○廳運到例木，照票放行，不致逗遛阻滯〔4〕，实为公便。湏至牒者。

【校箋】

〔1〕辰州府：元置辰州路，明改置辰州府，治所在今湖南沅陵縣，隸湖廣布政使司。清初沿用明制，領州一、縣六：黔陽、麻陽、沅陵、瀘溪、辰溪、漵浦。康熙三年（1664年），改屬湖南。乾隆元年（1736年），黔陽、麻陽改屬沅州府。參見高文德主編：《中國少數民族史大辭典》，長春：吉林教育出版社1995年版，第1050頁；萬里主編：《湖湘文化大辭典》（上卷），第23頁。

〔2〕印票：官方頒發的券證，種類及用途繁多。雍正《大清會典》卷五十二〈關稅〉：「出海貿易，地方官登記人數，船頭烙號，給發印票，令防守海口官員，驗票放行。」印票，又有稅票、印單等稱。辰關記載有「印簿」。乾隆《大清會典則例》卷一百三十六〈關稅〉：「每年請領循環印簿，將商人姓名、木植、數目、年月日期，飭商親填，一年期滿，送部考覈。」

〔3〕贵闆：即指「辰關」。乾隆《欽定大清會典則例》卷一百三十六〈關稅〉：「湖南辰關：稅一萬二千五百兩，閏月加九百兩。松、杉木、杉版、杉枋，及雜木、雜木枋等項，均按木計價，每銀一兩，徵稅三分；鹽每包徵稅銀一釐六毫。」

〔4〕逗遛，同「逗留」。○逗遛阻滯：羈留不前，阻礙滯留。例見乾隆三十一年正月初三日（1766年2月11日）〈署兩廣總督楊廷璋奏覆法國巴姓醫生已隨船回國俟復來再護送進京摺〉：「但此旬日內多南風，恐尚阻滯逗遛，亦未可定。」見中山市檔案局（館）、中國第一歷史檔案館編：《香山明清檔案輯錄》，上海：上海古籍出版社2006年版，第432～433頁。

七、移靖州

莘曰。奉此，○廳遵照徃例，親駐常郡德山河埠，採办架、槁木植。現在分差丁役，前徃辰、沅兩郡、黔省苗地，竝赴

贵治聚木處所，踄購〔1〕

欽安殿〔2〕旂杆、桅、杉大木，以凭報解。除諭令丁役等遵照奉頒尺式，
峃心採办外，诚恐所在木行、商販不遵選買，或高抬市價，均未可乞。
合就備文，移明　贵州，務煩查照来移事理，祈即出示晓谕该木行、
商販人等，如遇○廳丁役，到境採办各項木植，湏恪遵選買，秉公議值，
不得高抬时價，故違阻撓，实为公便。湏至移者。

【校箋】

〔1〕跴購，即「採購」。

〔2〕欽安殿，雙抬。

八、移常德府（二）

　　等曰。准此〔1〕，○廳随即传〔傳〕齐丁役，逐一诘〔詰〕讯〔訊〕。
僉〔2〕稱，自接辦以来，竝無楊德朝、楊任贤、林景周等木簰至闗，
呈票驗放亦無倚勢揹〔3〕木情事。○廳诚恐丁役餙〔飾〕词抵賴，未乤
深信。曰思该客楊德朝等，如果所稟屬实，則该簰自必湾泊河埠，且
有印票廿九張之多，其木簰谅〔諒〕亦不少，儘可就近查唤質讯，以
乞虛实。随即親带妥役〔4〕，扵德山附近埠頭〔5〕，逐一復查。既無楊
德朝等客簰，亦無楊德朝其人。若谓〔謂〕伊等曰丁役揹勒之故，遂
将已經臨闗簰筏盡行逆撑而遁，則决〔決〕無是理。其为假名捏词妄
稟，已無疑義。伏查楚南例木，由来百十餘年，其木植根数、圍長、
尺寸，例应有盈無缺。其採买木價，歷久無增，而採办人工飯食，及
紮簰、篔〔箃〕纜、板片、篷索等項，竝長途一切運費，解繳　部、
科飯食銀两，又悉無開銷，尽〔盡〕在額乞木價之中，加意節省，均
匀济公。迨曰山窮木少，採办维艱，是以详乞，扵德山、托口河下，
在扵經過各客商木簰中，每百根內抽买一、二根，以为架、槁及保水
護木之用。歷今又数十餘年，從無更張貽悮。繼于乾隆三十九、四十
两年，委員宝〔寶〕慶理猺廳〔6〕，沙、岳州替糧廳〔7〕，莫曰〔8〕办理
不善，掣肘萬状，以致　列憲縈怀〔懷〕。是以四十一年，蒙　前撫憲
敦〔9〕遴委〔10〕○廳承办。自奉委之後，悉循旧章，謹慎办理，既無悮

公，亦未累商，此現在商販之所共見共聞者也。今○廳復荷　大憲〔11〕遴委任用，蓋思奮勉急公，固不肯輕〔輕〕議更張，縱役累商，亦難容牙儈市棍，阻撓舞斃。○廳查楊德朝等所稟，固屬子虛〔虛〕，而其現呈印票，实为可據。復又細加查察，皆緣歷来委員，均係新旧交卸，旧委將托口未過各票数目交与新委查收，則無不驗票放行。今上屆委員宋，既未等俟○廳交卸，亦未飭当丁役收取印票，先期而去。廠關旬餘，所有印票無處繳銷，遂有白馬渡、河狀等處牙儈市棍曰此舞斃，將已過之票尽行收存，復行影射〔12〕。且查上屆委員二、三月間在托口所发之票，亦来影射。此又係上屆委員將已過之票失拾銷毀，以致丁役等藏匿，私给牙儈之所致也。捴之，托口至常，计程一十四站，順〔順〕流而下，快則旬，慢則半月，最遲亦不過一月而已，斷不致再有羈延。今據楊德朝所稟，印票係六月、七月以前在托口所領，越今二、三月之久，明係市棍牙儈將已過未收銷旧票串客斃混〔13〕。若竟聽其過而不问，正徒〔14〕狡诈之徒以藏匿旧票，羣相效尤，惧公匪小。今○廳曰时调剂，擬將前委拎八月初一日以後在托口所发之票，准其放行，不復重買；在八月初一日以前之票，仍应照例抽買。庶上不致拎惧公，下不至拎累商，而牙儈棍〔15〕亦不致逞刁舞斃，实為公便。合將現在查辦缘由，備文牒覆〔覆〕＝＝〔16〕。

【校箋】

〔1〕准此：「等因准此」，其含義與用法相當於「等因奉此」，惟用於引敘平級來文之結束，並立即轉入敘述照辦情況之時而已。參見雷榮廣等：《清代文書綱要》，第 247 頁。

〔2〕僉：都、皆。

〔3〕揹：本篇下文有「揹勒」，意即勒索，刁難。

〔4〕妥役：例見如黃六鴻《福惠全書》卷二十〈款犯〉：「即宜差妥役，立限密拿。」

〔5〕埠頭：即碼頭。

〔6〕宝慶理猺廳：即指湖南寶慶府理猺同知。見乾隆《大清會典則例》卷八

〈遴選二〉。廳，清代與州、縣平行的地方基層政權，其長官爲同知或通判。參見遼寧省博物館編：《歷代官制簡表》，瀋陽：遼寧省博物館 1976年版，第 95 頁。

〔7〕沙、岳州督糧廳：當指長沙、岳州之督糧道。《清朝通典》卷三十三〈職官〉：「國朝亦沿明制，各省並設督糧道，以司倉儲。」另參見《清朝通志》卷六十九〈漕運各官〉：「督糧道：……〔管糧同知〕湖南長沙、衡州、岳州各一人。」

〔8〕莫曰，或應爲「莫不因」。

〔9〕前撫憲敦：撫憲，即下屬對巡撫之敬稱。敦，指「敦福」。案，乾隆四十一年（1776 年），時任湖南巡撫爲敦福。見《清實錄·高宗純皇帝實錄》卷一千零十八〈乾隆四十一年丙申十月〉：「以湖南布政使敦福，爲湖南巡撫。」

〔10〕遴委：挑選委派。

〔11〕大憲：清代對總督或巡撫的稱謂。

〔12〕影射：蒙混；假冒。

〔13〕串客弊混：串客，應指串通客商。本卷之二〈移黎平府（一）〉有「串同木商」；十三〈移錦屏捕廳〉有「串同朦混」。弊混，作弊蒙混。

〔14〕正徒：常供官役的役徒，區別於臨時徵調的役夫。

〔15〕牙儈棍，當脫一「市」字，即「牙儈市棍」。

〔16〕＝＝，原抄本在右上及左下小字寫兩重文符號，或可釋爲「云云」。下文亦多有類似情況，則逕以六角括號註行文中。

九、示 〔1〕托口

爲剴切 〔2〕曉諭，以昭公務事。照得本分府 〔3〕奉辦解京

天壇 〔4〕燈杆 〔5〕、桅、段、架、槁等木，均關

欽工 〔6〕要務，例有之限，固當趕緊採辦，以期無悮。而各項木植，俱乞有圍長尺寸，亦必有盈無絀。設或尺寸短小，或木植灣曲 〔7〕，一經到 部，不独有關駁換 〔8〕，且蹈糸罰〔罰〕 〔9〕之咎 〔10〕。是承辦此差，实有不得不謹〔謹〕愼 〔11〕選擇，难容艸索者也。在尔〔爾〕等商販，

莫非

王民〔12〕，處此

昇平〔13〕盛世，飲和食德〔14〕，亦当急公奉上，共襄厥務，方不愧为良民。至架、槁一項，既經詳宂，于托口經過商販木簰中，分別每根〔15〕抽买一、二根，已扵办公之中，深寓體恤之意，凡屬商販，尤应踴躍從事，豈復尚有阻撓耶？乃访得經過客簰，皆係該地主家包攬其事，而主家之中，則又賢愚不一。间有刁徒，串同無知商販，竟以抽买架、槁，争大較小，把持公務，殊屬不合。然架、槁尺寸，例有宂数，本分府固不敢曲順與〔興〕情〔16〕，自干貽误，亦何忍額外苛求，致累商販。今酌宂抽买架、槁，捴以二尺起至一尺八寸爲止，均匀採买，不得過小，亦勿過大，以昭公允，合行出示晓谕。为此，示仰〔17〕各商販、主家人等知悉，嗣後如有靖河運到桅、叚大木，務聽本分府丁役選号。該主家即帶同商販赴公館，秉公議價，不得髙抬木植，任意玩延〔18〕。至運到架、槁木簰，務著該主家即赴公館具报，俟點驗明白，遵照示宂尺寸，聽俟均匀採办，亦不得混行阻撓。倘敢故違，宂将該主家等即指名移送　黔陽縣查究，決不姑寬。各宜凛遵〔19〕毋違。特示。

【校箋】

〔1〕示：長官對所屬官吏或平民有所告誡、勸諭時使用的文種。詳細而言，對所屬官吏發布的、在較小範圍內張貼的，習慣上單稱爲「示」；對於平民發布的、張貼在衙門前照壁上或有關地方的則稱爲「告示」。「示」之特點，在於公開通知，受文者範圍較廣，歷代均有。參見劉運國等主編：《公文大辭典》，第316頁。

〔2〕剴切：懇切，切實。

〔3〕分府：清代同知的別稱。參見張政烺：《中國古代職官大辭典》，第221頁。

〔4〕天壇，雙抬。

〔5〕天壇燈杆：嘉慶《大清會典事例》卷六百七十〈木倉〉：「〔乾隆〕三十二年諭：天壇內舊建望鐙杆，年久已需更換，自當及時採覓備用。」又，陳錦《勤餘文牘》卷三〈結筏順清河記〉：「梗枏杞梓，自楚出也，庀材

　　　者麇集。於漢乾嘉以前，閒歲易天壇燈幹，構大材，不於藏則於川。」

〔6〕欽工，雙抬。

〔7〕湾曲，即「彎曲」。

〔8〕駁換：抵換。黃六鴻《福惠全書》卷六〈革官銀匠〉：「官銀匠之設，大端
　　　有二：一爲花戶完糧，欲其傾銷紋足，以杜封納低潮；一爲起解藩庫，欲
　　　其傾銷大錠，以防駁換責成。」

〔9〕糸罰：彈劾處罰。

〔10〕「糸罰之咎」句：雍正《大清會典》卷一百九十九〈物料〉：「康熙九年，
　　　題准：官員起解杉木，不揀擇精美，以不堪用者解送，或折損，或遲延，
　　　俱罰俸一年。」

〔11〕愼，原抄本該字有塗改痕跡。

〔12〕王民，雙抬。

〔13〕昇平，雙抬。

〔14〕飮和食德：「飮和」，出自《莊子・則陽》：「故或不言而飮人以和。」「食
　　　德」，出自《周易・訟》：「六三，食舊德。」指享受和樂，得到先人德澤。

〔15〕每根，疑訛，當爲「每百根」。

〔16〕輿情：群情、民情。

〔17〕示仰：指示、傳達。見吳士勳等主編：《宋元明清百部小說語詞大辭典》，
　　　第 900 頁。

〔18〕玩延：玩忽延誤。

〔19〕凛遵：凛，嚴肅、嚴厲。下行文書中，告誡下級對所述內容必須嚴肅遵照
　　　執行的用語。參見劉運國等主編：《公文大辭典》，第 416 頁。

十、示（一）〔1〕

　　　爲曉谕事。照得本分府奉委来黔採办

皇木〔2〕，事關

欽工〔3〕重務，例限綦〔4〕嚴，難容遲緩〔緩〕。诚恐所到地方，呼应不
靈〔5〕，或地棍阻撓滋事，以致掣肘误公。業經　湖南撫部院咨明　贵
州撫部院，轉飭產木各地方官遵照晓示〔6〕，各處凡有合式桅、杉大木，

悉聽本分府号買，毋许措勒抬價，并令各地方官協力弹〔彈〕壓在案。
是本分府随帶丁役，即屬办工之人，其臨河看木，亦分所当然。乃拎十
二日午後，忽有王祿先者，見丁役臨河号〔7〕木，胆〔膽〕敢妄行議論，
大肆狂吠，当據稟明飭查。而该犯業已潜逃。但查该犯，係天柱縣三
门塘民人，既非本寨山販，又非買木客商，胆敢擅至河下，妄議公事，
惑亂人心，实为刁惡之徒。未便〔8〕因已潜回，遂事姑容。現已備文，
移送该地方官嚴拏懲治，竝令取具〔9〕遵結〔10〕，交保管束〔11〕，毋许该
犯再至王寨滋擾在案。诚恐外来棍徒不知法度，復有效尤滋事者，亦未
可定。合出硃示〔12〕晓谕，为此，示仰一切闲〔閑〕〔13〕雜人等知悉：
嗣後務湏各安本業，毋得效尤，妄議公務，倘敢故违〔違〕，定行立拏，
押送地方官重究不貸。各宜凛遵毋違。特示。

【校箋】

〔1〕示，原抄本該面「示」字以下缺損，左列「採办」以下亦缺損，紙面有撕
去痕跡。然幸應無字跡，全篇文字尚完整。

〔2〕皇木，雙抬。

〔3〕欽工，雙抬。

〔4〕綦：極其。

〔5〕呼应不靈：亦常用爲清代官員評語，凡「辦事無方、聯絡不通、運轉失
常、指揮不動，使日常公務陷於失控或癱瘓狀態的官員」，評以此語。《六
部成語註解》：「呼應不靈，上官有事，或傳喚屬員不至、或吩咐屬員不
遵者，曰呼應不靈。」參見李鵬年等編著：《清代六部成語詞典》，第 63
頁；內藤乾吉等：《六部成語註解》，第 25 頁。

〔6〕晓示：明白地告諭指示。

〔7〕号，原抄本此處爲「看」字，似刪去，其右寫有「号」字，據文意改。

〔8〕未便：不應、不便。參見劉運國等主編：《公文大辭典》，第 390 頁。

〔9〕取具：領取具辦。

〔10〕遵結：即「甘結」。指當事人接受官府裁判的書面保證，一般被認爲是案
件結案的標誌。《六部成語註解》：「甘結，凡官府斷案即定，或將財物令

事主領回者，均命本人作以情甘遵命之據，上寫花押，謂之『甘結』。」
參見李青：《清代檔案與民事訴訟制度研究》，北京：中國政法大學出版社
2012 年版，第 196～197 頁；陳會林：《祥刑致和：長江流域的公堂與斷
案》，武漢：長江出版社 2014 年版，第 31～32 頁；內藤乾吉等：《六部成
語註解》，第 15～16 頁。

〔11〕交保管束：即由地方保長對其進行監督管束。參見李豔君編著：《從冕寧
縣檔案看清代民事訴訟制度》，昆明：雲南大學出版社 2009 年版，第 32
頁。

〔12〕硃示：紅色告示。參見山西大學批判組編：《農民起義反孔史料註釋》，太
原：山西人民出版社 1975 年版，第 126 頁。

〔13〕閑，同「閒」，通「閇」。

十一、又示

　　爲剴切曉諭，以昭法律事。照得本分府奉委来黔，採办辛丑年解京
皇木〔1〕。遵照向例，駐箚王寨採办。诚恐地屬苗民鮮知禮法，一切公
事，或呼应不靈，或地棍阻撓，以致掣肘悮公。業經
湖南撫部院咨明　贵州撫部院，轉行各地方官知照〔2〕，出示曉諭；又
經黎平府檄委〔3〕錦屏縣捕廳〔4〕，就近協办弹壓在案，是尔等苗民之所
共見共闻者也。各自应凛遵示禁，各知畏惧，方不愧爲良民。况本分
府乃
朝廷〔5〕命官，承辦
欽工〔6〕要件，更非尋常過往官員可比。尔等苗民益当尊敬，豈容藐視
玩法〔7〕，目無官長乎？乃有土豪〔8〕穆〔穆〕先，胆敢窩藏沅、靖漢奸
〔9〕，朝賭〔賭〕夕盗，酗酒滋事，地方受害已非一次。而于本月十一
日，竟敢縱容匪徒，擅至公館吵闹〔鬧〕，将巡役〔10〕打傷。迨經本分
府傳唤穆先管束，不但不遵，反敢逞強藐法，可惡已極。当經本分府移
照　黎平府憲委員查拏，崟〔封〕閉〔閉〕房屋。今奸宄既逃〔逃〕，
穆先潜匿，然此輩〔輩〕匪徒，形同魑魎，原屬出没無常，雖倖免目前

之罪戾，终〔終〕難逃日後之法網。但恐無知居民仍敢窩藏穆先匪徒等在境，以貽後患，合行出示嚴禁。爲此，示仰鄉〔鄉〕保〔11〕、舖户〔12〕、居民人等知悉：嗣後倘敢隐〔隱〕匿穆先及匪徒人等在扵街市橫行滋擾，不赴　黎平府據实首报，一經本分府查出，定將容甾不报人等，一并指名移送　黎平府密差拏究〔13〕，斷不姑寬。各宜凜遵毋違。特示。

【校箋】

〔1〕皇木，雙抬。

〔2〕知照：其意約略爲通知。參見雷榮廣等：《清代文書綱要》，第 257 頁。

〔3〕檄委：致信委託，即用檄文曉諭之意。參見霍松林主編：《中國古典小說六大名著鑑賞辭典》，西安：華嶽文藝出版社 1988 年版，第 333 頁。

〔4〕捕廳：指清代州縣官署中的佐雜官，如史目、典史等，因有緝捕之責，故稱。《清史稿》卷一百十六〈縣〉：「縣丞、主簿，分掌糧馬、徵稅、戶籍、緝捕諸職。典史，掌稽檢獄囚。」

〔5〕朝廷，雙抬。

〔6〕欽工，雙抬。

〔7〕玩法：玩忽法令。陳康祺《郎潛紀聞》卷一〈咸豐八年科場案〉：「文宗御勤政殿，召見王大臣等，正諸臣玩法之罪。」

〔8〕土豪：《六部成語註解》：「土豪，本地豪強之人也。」參見內藤乾吉等：《六部成語註解》，第 135 頁。

〔9〕漢奸：本指爲漢族之敗類。魏源《聖武記》卷七〈雍正西南夷改流記上〉：「明年乘勝，沿九股河下抵清水江時，九股苗爲漢奸曾文登所煽，言改流升科，額將歲倍。」

〔10〕巡役：本指巡查的差役。《六部成語註解》：「地方，一鄉中之巡役也。」見內藤乾吉等：《六部成語註解》，第 63 頁。此處巡役，應同下文負責選號簰上木植之「簰巡」。

〔11〕鄉保：鄉約、地保之並稱。

〔12〕舖户：店舖商戶。

〔13〕究，原抄本該字有塗改。○拏究：捉拿查究。

十二、禀词

具禀人趙成，年三十六歲，係湖南武陵縣人。为流匪兖〔兇〕毆，乞恳〔恩〕驗宂〔1〕事。情○現充湖南長沙糧府差役，拎本年正月初二日，随伺　吳主至王寨採办解京例木。至今数月〔2〕，屡〔屢〕奉○主嚴束，從不敢在外滋事，通寨商民皆所共知。缘〔緣〕有地棍穆先，窩峀匪類湯兆麟等数十餘人，在此日夜賭博〔3〕，设局害人。二月內，有跟随○主內使何顺，被匪等诱〔誘〕賭，输〔輸〕去銀錢衣物约值三十餘金。当被○主查覺，将何顺驅逐，挑取舖盖行李下船，又被湯兆麟看見。據稱，何顺尚该伊賭博錢四、五十千，将何顺行李揹峀，經○理論退还。又于五月初九日，有匪等所帶十七、八岁〔歲〕之幼童四、五人，走在○主巡船上亂闹，被○主親見，即着○传谕湯兆麟等约束，不许縱容滋擾。曰此匪等均怄恨在心。五月十一日，○又奉主遣，僱船隻赴毛坪公幹。当在河埠僱就唐姓甕洞船〔4〕一隻，議㝎船價二百五十文，即如数交清。及唤開船，而船户又欲增價，○随向理論，退錢另僱，伊又不肯。正在争闹，突遭湯兆麟、唐晚弟、唐老晚等，挟〔挾〕前嫌隙，糾〔糾〕領匪黨十餘人，将○赶至公館內攢〔攢〕毆〔5〕。經徐三胖子見救，○頭面、鼻梁、左乳、心坎、兩脇均被打傷。当經禀明○主，传唤穆先管束，又被穆先糾领匪徒至公館大罵。已經○主備文，移请拘究〔6〕。今蒙

大老爺〔7〕按臨〔8〕驗讯〔9〕，正○冤得伸之时。現○頭面、鼻梁、左乳、兩脇所受各傷，已调治将痊；惟心坎接連左乳旁一傷，尚疼痛不止，不思飲食，又無时刻吐血，生死莫保。只求　大老爺赏賜驗明，差押〔10〕湯兆麟，跟拘唐晚弟、唐老晚竝其餘匪黨到案讯究，以驗地方，以便办公。沾恩。上禀。

【校箋】

〔1〕宂，《說文》：「姦也。外爲盜，內爲宂。」又，「宂」爲「究」之異體，此處當爲「究」。下文亦多「究」寫近「宂」者，二者形近易於混淆，以下

如「查宄」、「追宄」，均剖析文意錄爲「究」。

〔2〕月，原抄本該字寫近「日」，唯下不封口。因上文言及「正月」前來，而下文提及「二月」、「五月」事，故據文意錄爲「月」。

〔3〕「博」字處，原抄本該句寫爲「在此日夜賭薄博」，且「薄」上無有刪除塗改痕跡。據文意，「薄」當係誤寫，其後之「博」當爲正誤，而遺忘刪除所正之前字。

〔4〕甕洞船：謝聖綸《滇黔志略》卷十九〈鎮遠府屬〉：「甕洞有小舟，謂之『甕洞船』。余任柱邑時，曾由甕洞抵邑之遠口司，風景頗佳。」又，胡章《清江志》卷八〈柳羅山即事〉有句：「沅瀿師浮瓮洞船，秉鉞伏麾馳宿將。」

〔5〕攅殿：即圍殿。

〔6〕拘究：拘留審查。

〔7〕大老爺：訴狀類之文書中，常用「大老爺」，爲敬稱州縣衙門長官之用語。參見雷榮廣等：《清代文書綱要》，第249頁。

〔8〕按臨：巡視；視察。上司到地方巡察，稱「按臨」，又作「案臨」。《六部成語註解》：「按臨去處，上官按察（所）屬、所到之處。」參見內藤乾吉等：《六部成語註解》，第146頁。

〔9〕驗訊：驗問。

〔10〕差押：扣押。

十三、移錦屏捕廳

　　爲移明事。窃照乙〔1〕府奉委採办

天壇〔2〕燈杆、桅、杉等木，前經移明　黎平府轉委　貴廳協办在案。兹○府已扵本月初二日移駐王寨，竪旂遴選買。查○府奉办各项木植，均關

欽工〔3〕要務，例有之限。而上年京城前门一帶失火〔4〕，需料甚殷〔殷〕，已奉

大部〔5〕行知〔6〕飭催〔7〕，自应上緊赶办，庶免貽误。诚恐行販、客商不知公務之緩急，或有玩延阻撓情事，亦未可乞，合再移请示禁。为此，合移

貴廳，希即查明来文，出示曉谕。嗣後凡有前販運到合式木植，一經○府選号，務即恪遵，秉公議價。不得高抬市植〔8〕，串同朦混，以及延玩阻撓，致悮

欽工〔9〕，实爲公便。須至移者。

【校箋】

〔1〕乙，原抄本此處小字形近「△」，細辨其筆鋒，實可錄爲「乙」字，惟變換運筆使其形近「△」。「乙」應與「○」同，俱是標記指代之符號也，徑以「乙」移錄，下均同。又，在公文中，書吏撰稿時，爲表示對長官之恭敬，用標記替代長官姓名，謄正時再改換。此處似乎並非如此情形。參見雷榮廣等：《清代文書綱要》，第52～53頁。

〔2〕天壇，雙抬。

〔3〕欽工，雙抬。

〔4〕上年京城前门一帶失火：案，前门失火事，《案牘》中計有三處提及，除本篇外，尚有本卷之十六〈移黎平府（三）〉及十八〈示毛坪、王寨、卦治〉。關於失火時間，前兩篇均表述爲「上年」，第三篇則具體爲「本年五月间」。而關於失火的地點，第一篇和第三篇均具體提到爲「前门一帶」（即清正陽門）。查，據載乾隆四十五年（1780年）五月一日，正陽門外東南側的一間鋪面房不慎失火，殃及正陽門箭樓。兩相比照，此處所謂前门失火事，當即指此。參見北京正陽門管理處編纂：《北京正陽門》，北京：北京燕山出版社2009年版，第94～96頁；劉諾：〈乾隆朝正陽門大修紀實暨啓示〉，載中國紫禁城協會編，鄭欣淼、朱誠如主編：《中國紫禁城學會論文集》（第五輯下），北京：紫禁城出版社2007年版，第549～562頁；北京市社會科學研究所《北京歷史紀年》編寫組編：《北京歷史紀年》，北京：北京出版社1984年版，第221頁。

〔5〕大部：「大」用作尊稱，多用於不相隸屬之上級機關，如「大部」、「大府」。參見胡元德：《古代公文文體流變》，揚州：廣陵書社2012年版，第225～226頁。

〔6〕行知：行文通知。

〔7〕飭催：飭令催促。黃六鴻《福惠全書》卷一〈待接役〉：「或再發一諭飭催可也。」

〔8〕植，即「值」。

〔9〕欽工，雙抬。

十四、移遠口司〔1〕（一）

　　爲移请查究〔究〕，以儆习風，以便办公事。窃照○府扵乾隆四十五年十月内，奉委来黔採办解京

欽安殿〔2〕所需燈杆大木三根，竝桅、杉木四百根。遵照向例，在扵黎平府王寨、挂〔3〕治等處地方採買。诚恐呼应不靈，及地棍阻撓滋事，以致掣肘悮公。業經　湖南撫部院咨明　貴州撫部院，轉飭產木各地方官遵照曉示，各處如有合式大木，悉聽○府查访採买，毋许地棍滋事，竝令各地〔4〕方官弹壓在案。兹扵本月十二日，按○役張德禀稱：小的于午後在河下所到木簰内，查有合式杉木四根，当用红土号记，正要帶同商山〔5〕販到公館禀请議價，不料突遇一人，约有四十多歲，走到簰上，見小的号记木植，口裡亂罵起来。说是湖南的官只该在本省採買木植，如何许他到贵州地方来採办

皇木〔6〕？今此簰大木是我要買去起屋的，邮〔那〕個敢来号買，我就要打死他的。小的聽了這話，本要与他争较〔較〕幾句。因屢奉嚴谕，不许在外肆闹，又見此人形狀尭惡，且像吃了酒的樣子，所以不敢与他争論。那时河下看木客商约有二、三百人都看見，可以查察虚实，竝不是小的去惹他滋事的。特来禀明，只求作主，等情〔7〕。○府随即传唤本主家王德富，清查该犯寓所、姓名，以便移送黎平府揫究。去後，旋據王德富禀稱〔稱〕：小的们本寨民人，竝徽、臨两帮客商，都是恪守法度，從不敢多事的。今查得午後在河下嚷罵的人，是坒處三门塘開木行之王守先的兄弟，名叫〔叫〕王祿先。他自嚷罵，後就回去了。他在此地竝未投寓，也無買木情事，不知他怎樣吃醉了酒，在此多事。至公差張德，竝没有与他争较。不敢隐瞒，只求詳察，等情。據此，查该犯既非本地寨民，又非山販客商，乃敢到此妄議公事，肆行阻撓，实屬刁惡〔惡〕棍徒，目無法纪〔紀〕，未便因其潜回，不行查究。诚恐

将来该犯復至此地，妄行阻撓，殊于採办

欽工〔8〕重務，大有闊碍。查该犯現住三门塘，乃　貴治所轄民人，相应備文，移请查究。爲此，合移　貴廳，请煩查照来文事理，祈即差拘〔9〕该犯王祿先到案查究，竝著该地親屬保領〔10〕约束，毋〔11〕许再到〔12〕王寨地方滋事，实为公便。祈仍將查究緣由，賜文移覆〔13〕，足紉〔紉〕舟谊〔誼〕〔14〕，竚切＝＝〔竚切〕〔15〕。須至移者。

【校箋】

〔1〕遠口司：《嘉慶重修一統志》卷四百九十九〈文職官〉：「〔鎮遠府〕巡檢二員，天柱縣遠口司；黃平州舊州。」

〔2〕欽安殿，雙抬。

〔3〕挂，即「卦」。

〔4〕「地」字旁，原抄本「地」字右旁有塗寫墨跡，似不成字。

〔5〕「商」字旁，原抄本「商」字右旁有小字「山」。本篇下文有「山販客商」。

〔6〕皇木，雙抬。

〔7〕等情：情即「下情」。凡引敘下級來文或百姓呈狀，結束時用「等情」，其作用相當於後引號與句號，與「等因」同。所有區別者，在於「等因」爲引用上級來文，而「等情」爲引用下級來文。參見雷榮廣等：《清代文書綱要》，第247、244～245頁。

〔8〕欽工，雙抬。

〔9〕差拘：可參見黃六鴻《福惠全書》卷十一〈差拘〉。

〔10〕保領：相當於「保釋」。嘉慶《大清會典事例》卷六百四十七〈故禁故勘平人〉：「查犯姦婦女枷號，例得收贖。其的決之罪，不過滿杖，未便拘繫囹圄，致滋拖累。至犯該死罪婦女雖在幽囚之中，仍當保全其名節。若與男犯同一禁房，實屬未便。嗣後凡犯姦婦女到案錄供後，即交與本夫或親屬保領，不許仍行羈禁。」參見那思陸：《清代州縣衙門審判制度》，范忠信、尤陳俊校，北京：中國政法大學出版社2006年版，第100頁及以下。

〔11〕毋，原抄本此處原先寫作「再」，後似劃去，在其右旁加小字「毋」。按文意，應爲「毋许再到」，據之改。

〔12〕到，原抄本該字似有塗改。

〔13〕移覆：移文回覆。

〔14〕足紉舟谊：紉，本意爲貫穿、聯綴，引申爲感激、感佩。舟誼，即同舟共
　　　濟之情誼。類似有如「足紉公誼」、「至紉公誼」等。平行文書中請求對方
　　　予以協助，或辦理某事，即以此語表示感激。參見王銘：《文種鉤沉》，第
　　　330、668～669頁；劉運國等主編：《公文大辭典》，第396頁。

〔15〕竚切＝＝：竚切，久立，等待。用於文書結尾。參見徐寒主編：《歷代古
　　　詞鑑賞》（下），北京：中國書店2011年版，第377頁。

十五、移天柱縣

　　爲咨行各省解送查植事。窃照○府于乾隆四十五年十月內，奉委来
黔採办解京椊、杉例木，竝

欽安殿〔1〕所需燈杆大木三根。遵照向例，在扵黎平府屬之毛坪、王寨
等處聚木地方，竪旂購買。诚恐各屬呼应不靈，致滋掣肘。業經

湖南撫部院咨明　貴州撫部院，轉飭各地方官遵照，如有前限木植，应
聽○府採買，毋许山販揩勒，竝令地方官協僱人夫，作速赶办，依限報
解在案。兹○府現駐王寨，分路採买，访得離此十里之銀鬮、坪金〔2〕、
亮〔亮〕江〔3〕等處小河，向有大木聚集，即憑該處行户售賣。除撥御
坐守選買外，查該地係　貴縣所轄，诚恐該山販行户人等，高抬时價，
把持行市，以致公務掣肘，亦未可它。相应備文移明。爲此，合移　貴
縣，希即查明来文，一體出示晓谕亮江、銀洞〔4〕各行户知悉：如有合
式椊、杉大木，即聽○府公平採买，毋得抬價阻撓；竝祈轉委　貴屬鎮
遠司就近協办，俾得妥速赶办，依限報解，不致貽误

欽工〔5〕，实爲公便，竚切＝＝〔竚切〕。湏至移者。

【校箋】

〔1〕欽安殿，雙抬。

〔2〕坪金：本卷之十七〈移遠口司（二）〉有「平金」。光緒《黎平府志》卷
　　　二上〈地理志第二〉：「平金寨，城北一百四十里。」光緒《續修天柱縣

志》卷七下〈入籍〉：「於乾隆初年，遷居柱屬由義里之坪金。」另，乾
隆《鎮遠府志》卷三〈天柱縣塘汛〉有「金平寨」。

〔3〕亮江：乾隆《鎮遠府志》卷五〈清江源流考〉：「東至天柱縣界之茅坪，右
合亮江。」

〔4〕亮江、銀洞：乾隆《鎮遠府志》卷三〈天柱縣塘汛〉：「亮江，西南角……
銀洞寨，與錦屏縣交界。」光緒《黎平府志》卷二上〈地理志第二〉：「柱
屬之平金、銀洞、文斗三小寨，插入黎境。」

〔5〕欽工，雙抬。

十六、移黎平府（三）

爲保長把持行市，牒請嚴究，以儆刁風，以便办公事。窃照○廳奉
委採办解京

欽安殿〔1〕所需燈杆，竝桅、杉各項大木。遵奉向例，在于

貴治毛坪、王寨聚木地方購買。诚恐各屬呼应不靈，或地棍把持行市，
致滋掣肘。業經　湖南撫部院咨明　貴州撫部院，轉行各地方官遵照，
如有前項木植，应聽○廳公平採買，毋許苗民挶勒，竝令各地方官協
雇人夫，作速赶办在案。又經○廳牒明贵府，檄委錦屏捕廳協办，竝
出示晓谕在案。○廳自抵毛坪、王寨採办以来，偏值大木稀少，统计
所买，尚不及半。而上年　京城失火〔2〕，延燒官房甚多，急需修理。
現奉　撫藩兩憲，轉奉　大部叠〔疊〕次〔3〕行催，嚴飭赶办，務扵六月
內办齊报解。轉瞬届限，貽误堪虞。乃本月廿六日，號有山販王榮輝
杉木六根，內中選就合式者三根，正在議價採買，而该販已情願出售。
不料，突有保長趙光南，竟敢擅至公館，挺身阻撓，挶勒不賣。当經
○廳申飭，而该保長復敢出言無狀〔4〕，殊屬可惡。且查此地行規，即
客商買木，亦惟憑買、賣主家兩相議價，從不容他人揀〔攙〕越〔5〕
其事。今该保長既非主家，又非山販，胆敢逞強出頭，阻撓公務，顕
〔顯〕係包攬本植〔6〕，把持行市，扵中漁利。若不查究，則苗民相習
效尤，勢必貽悮

欽工〔7〕重務，關係匪輕。是以○廳当即備文，移明錦屏縣捕廳拘究。讵〔詎〕該保長猶肆横無忌，大发狂言。據稱，保長係奉府所委，非錦屏捕銜所能管束荨语〔語〕〔8〕。是该犯視客官〔9〕如弁髦〔10〕，又以佐雜〔11〕为兒戲。似此刁惡棍徒，实为地方之害。非備文經请 贵府嚴究，恐不足以儆刁風。再查例載：州縣城鄉，十户立山牌頭，十牌立一甲長，十甲立一保長，〔12〕责〔責〕成稽查地方，应各就本地土著，公举〔舉〕承充。查该犯趙光南，係府城民人，且上年在毛坪充当保長，而本年又至王寨充当保長。既与之例不符，似非

贵府所委。其是否冒充保長，盤踞鄉间，藉端滋擾之處，应附请查明禁革〔13〕，則不独○廳便拎办公，不致掣肘，即所在商民亦免擾累，实为公便。合就備文，牒呈 堂台，请烦查究施行，竚切＝＝〔竚切〕。湏至牒者。

【校箋】

〔1〕欽安殿，雙抬。

〔2〕上年京城失火：除前述本卷之十三〈移錦屏捕廳〉「前門失火」事外，乾隆四十五年京城失火事，尚見《清實錄・高宗純皇帝實錄》卷一千一百零三〈乾隆四十五年庚子三月〉：「又諭：前據英廉奏，京城鬧市口失火，燒燬官房；本日又據奏，新街口於十一日失火等語。現在時值春和，雨水不至大缺，風日並非燥烈，何以旬日之間，失火兩次？此必因福隆安等扈從出京，一切巡查疎懈所致。」

〔3〕叠次：屢次。

〔4〕無狀：謂行為失檢。

〔5〕搀越：越出本份。

〔6〕本植，訛，應為「木植」。本卷之四〈移常德府（一）〉：「或包攬客商木植，不遵選買。」

〔7〕欽工，雙抬。

〔8〕等語：當節引來文時，多用「等語」作結。又，引敘法律條文時例用「等語」作結。參見雷榮廣等：《清代文書綱要》，第 247 頁。

〔9〕客官：此處指外省之官員。

〔10〕弁髦：弁，黑色布帽；髦，童子眉際垂髮。古時男子行冠禮，先加緇布冠，次加皮弁，後加爵弁，三加後即棄緇布冠不用，並剃去垂髦，理髮爲髻。因以「弁髦」喻棄置無用之物。

〔11〕佐雜：清代州縣官署內助理官吏佐貳、首領、雜職三者的統稱，即地方官署的輔佐官員。

〔12〕「州縣城鄉，十户立山牌頭，十牌立一甲長，十甲立一保長」條：此條云係「查例載」。案，查乾隆十二年《大清會典則例》卷三十三〈戶口下〉：「州縣城鄉，十户立一牌頭，十牌立一甲頭，十甲立一保長。」此處「例載」當指上述而言。據此，「十户立山牌頭」之「山」當訛，且原抄本其字書寫較扁長，應爲「一」。另，「甲長」、「甲頭」同，「甲長」亦見同卷《大清會典則例》，如「該管官即於棚居鄉壯內，選立保長、甲長，專司巡察」。

〔13〕禁革：禁止而革除。

十七、移遠口司（二）

　　爲移请嚴禁搶撈木植事。〔1〕窃照○府奉委来黔，駐箚王寨，在於附近掛治、毛坪、亮江、銅洞、平金等處產木地方，採辦解京皇木〔2〕。業經移明　天柱縣，轉委　貴廳協办在案。於五月廿二日，○府买有山販石化琨等杉木共十二根，因未及折出，於二十三日早陡发洪水。被漂木牌，当經飭令主家、山販駕船赶撈，尋至宰贡〔貢〕〔3〕、坴處地方，均經認明，被該處地棍龍汝邦、龍汝富等搶撈，揹勒不还，大干律禁。現已另文移请差追。伏查歷来商販在毛坪、王寨所买木植，偶遇洪水漂流，赶至宰贡以下各處，被地贡〔4〕搶撈，便为巳〔己〕有。或勒索重價向贖；或将斧记字号劈去，硬不许認；或将木植鋸叚，私行藏匿；或竟将木牌〔5〕放〔6〕至洪江〔7〕等處售賣。商民飲恨，负〔負〕屈莫伸。而該地市棍，遂益無忌惮〔憚〕，实屬目無法纪。兹○府現在王寨、亮江、平金等處採办，所有买獲零星木植，均係就地书繫〔8〕。时当夏令，暴水靡常，诚恐再被漂流，難免地棍搶撈阻撓。此

莘刁風，断〔斷〕不可長。合就移请示禁。爲此，合移貴廳，请烦查照来文，速即出示嚴谕宰貢、坒處一帶地方，嗣後遇有〇府所贸上用 ⁽⁹⁾ 木植流至该處，務協力撈救，即赴公館禀明送还。毋许任意揞勒，致干罪戾。即商販被漂木植，亦不得違例勒贖，实为公便。竻切＝＝〔竻切〕。

【校箋】

〔1〕嚴禁搶撈木植事：關於撈取漂流木植的爭端時有發生，故而亦成立若干通行之規則。如王寨有〈撈獲木植工價碑〉、〈撈木贖木章程碑〉等。參見安成祥編撰：《石上歷史》，貴陽：貴州民族出版社 2015 年版，第 30～33 頁。關於撈取漂流木植的規則探討，可參見羅洪洋：《法人類學的理論與實踐》，北京：中國政法大學出版社 2013 年版，第 269 頁及以下；程澤時：《清水江文書之法意初探》，北京：中國政法大學出版社 2011 年版，第 256 頁及以下。

〔2〕皇木，雙抬。

〔3〕宰贡：光緒《續修天柱縣志》卷二上〈地理志〉載有「宰貢寨」；光緒《黎平府志》卷二下〈地理志第二〉：「龍橋，在茅坪，與鎮遠天柱縣宰貢分界。」

〔4〕地贡，或應爲「地棍」。

〔5〕牌，應爲「簰」。

〔6〕放：即指放簰。

〔7〕洪江：木材貿易中心，據稱「見船不見水、見排不見江」。參見王賢輝：《明清洪江商幫》，哈爾濱：黑龍江教育出版社 2013 年版，第 65～67 頁。

〔8〕弔繫：即謂「吊排」，指將停泊的行江木排吊靠於岸邊。參見綏寧縣志編纂委員會編：《綏寧縣志》，北京：方志出版社 1997 年版，第 424 頁。

〔9〕上用，雙抬。

十八、示毛坪、王寨、卦治

爲咨行各省解送木植事。照得楚南額办年例皇木 ⁽¹⁾，久經遵行，在扵貴州黎平府之毛坪、王寨、卦治等處產木地

方，立闖採買。茲本分府奉

撫部院遴委，採办辛丑年〔2〕解京桅、杉荨木。緣本年五月间，京城前門一帶失火，所需木料倍扵往年，而限期更速。本分府現在赴省領銀，按臨採办，合先耑差〔3〕丁役前往毛坪立闖，照例号买。除牒明

黎平府知照外，合行出示晓谕。为此，示仰该寨各主家，竝徽、臨兩帮木商，及本地山客〔4〕人荨知悉：嗣後凡有苗地運到此合式桅、段大木，務湏先俟〔儘〕本分府丁役驗明号就，俟本分府按臨議價；如有已号木植，该主家不许串同苗販私行出售，而各木商亦不得擅自争买。倘敢故違，竎即查究。事關

欽工〔5〕要件，愼毋玩視。各冝凛遵毋違。特示。

【校箋】

〔1〕皇木，雙抬。

〔2〕辛丑年：如前述，當指清乾隆四十六年。下述「本年五月」京城前門失火，爲乾隆四十五年事，故此處「採办辛丑年解京桅、杉荨木」，實爲採辦次年解京之木植。

〔3〕耑差：「耑」同「專」。指特地派遣辦理某件公事的人。

〔4〕山客：應即前「山販」。據貴州省檔案館檔案記載，「錦屏木業通例，恆稱賣方爲山客，買方爲水客，蓋以賣客多來自山間，而買客多來自下江各地也，山客放運木植至行戶以待價而沽，水客則攜款至行戶選購木植，水客選定木植後，則由行戶約同買賣雙方，根據當時行情及木材品質議定基價（所謂基價，係指下節由每一實毛兩之貫數而言），經雙方同意後，水客即應先付木價二分之一，其餘半數俟所購木植全部放抵水客木塢內（木塢即係沿江能避洪水沖刷之儲木處）即應掃數付清。行戶扣取其所應交之各項稅捐代爲交納及其所應得之佣金外，其餘即掃數交付山客，如是則交易手續即稱完成矣」。見蔣德學編：《貴州近代經濟史資料選輯》（上），成都：四川省社會科學院出版社 1987 年版，第 340 頁。

〔5〕欽工，雙抬。

十九、示德山

為剴切曉諭事。照得楚南額办年例

皇木〔1〕，向在德山河埠豎㫋採办，抆徽、臨商販及本地山客運木到關，即抆該商販簰中，分別每百根內抽买一、二根，以为架、槁、保水護木之用。遵行既久，歷無紊亂。本分府上届承办此差，亦俱悉循舊章，秉公办理，此尔等商販及行户、客首人等之所共知者也。茲本分府復蒙

撫部院暨藩憲遴委，接办辛丑年例木，益思奮勉承办，體恤商民，以期上不致抆悮公，下不至抆累商。乃自接办以来，在徽、臨客商，頗知急公奉上之義，凡有運木過關，無不順從抽买。惟沅、靖山販，间有一、二刁徒，藉端阻撓。即如前月，靖客張德朝〔2〕等，欲以前委未經撤銷之旧票，欲図〔圖〕影射过〔過〕關，遂赴府捏情妄稟。及本分府当即追究，不但竝無張德朝其人，即传唤稟內列名之林景用〔3〕到案，據供，竝不知情，取具甘结在案。即此可見沅、靖山販之刁惡也。然其中唆使，亦必另有其人，現在访查拏究。除已將查明獎端緣由稟明　藩憲，竝移明　常德府外，合行出示曉諭。为此，示仰各客商、行户人等知悉：嗣後如有簰筏過關，務湏遵照往例，將根數報明，聽俟抽买；其前委未經撤銷旧票，概不准隐射〔4〕過關，以致混亂章程，貽悮公務。倘敢故違，之即查究。各宜凛遵毋違。特示。

【校箋】

〔1〕皇木，雙抬。

〔2〕張德朝，本卷之八〈移常德府（二）〉有「楊德朝」。

〔3〕林景用，本卷之八〈移常德府（二）〉作「林景周」。

〔4〕隐射，應即「影射」。

二十、示（二）

示諭〔1〕簰㢲〔2〕、主家人等知悉。照得本分府奉委採办

天壇〔3〕燈杆、桅、叚等木，均關

欽工〔4〕要務，例有之限，必湏及时赶办，以期無误。其木植長短丈尺，竝圍圓尺寸，俱之有額数，不许稍有短小，亦不得以湾〔5〕朽之木混行充数，致干駁换。嗣後凡有苗販運到合式木植，尔荨巡役，務勤愼選号，每日将所号某主家桅、叚若干根，一面禀明，一面传唤该主家，即带同苗販赴公館議價。如一买就，立同买、賣主家赴簰省視。若有空疤破爛，以凭退换，毋得狥情〔6〕隐瞒，亦不得将合式大木私行縱放。倘敢故違，一經查出，之行竝究不贷〔貸〕。各宜凛遵毋违。特示。

【校箋】

〔1〕示谕：告知；曉示。亦爲「出示曉諭」之簡。

〔2〕簰巡：即本篇下文之「務勤愼選号」之「巡役」。卷四之五〈致居停（十四）〉：「托口簰巡，不論木植合式与否，一総亂号。」雲南有「守簰巡丁」，見《新纂雲南通志》（民國三十八年鉛印本）卷一百五十五：「設正幫辦各一員，書識一名，壯丁八名，更、火夫各一名，守簰巡丁四名。」

〔3〕天壇，雙抬。

〔4〕欽工，雙抬。

〔5〕湾，即「彎」。

〔6〕狥情：曲從私情。

二十一、示（三）

示谕各主家、苗販人荨知悉。照得交易貴乎無欺，办公尤湏勤愼。本分府奉委採办木植，關係

欽工〔1〕要件，而所帶銀两，皆屬

朝廷〔2〕帑項。尔荨處此

昇平盛世〔3〕，飲和食德，当思急公奉上，共勤其事，萬勿藐法玩公，自取罪戾。嗣後如有苗販運到合式木植，一經号就，即著该主家带同苗販，赴公館議價。只许本主家王德富一人持算盤上楼〔樓〕，聽俟本分府按木

植之好歹，时價之低昂，公平酌发。不得串同苗販，故意多喝〔4〕，侵蝕國帑〔5〕。至苗販、主家等，均不得擅自上楼，争多較寡。倘敢故违，之即送究。各宜凛遵毋违。特示。

【校箋】

〔1〕欽工，雙抬。

〔2〕朝廷，雙抬。

〔3〕昇平盛世，雙抬。

〔4〕喝，即「喝價」。

〔5〕國帑，雙抬。

二十二、示王寨

為再行晓谕事。照得本分府奉委採办年例皇木〔1〕，遵照向例，在扵黔省產木各處，揀〔揀〕選採買，前經剴切晓示在案。本年輪应王寨当崗，现在移駐公館，竪旂号买，合再出示晓谕。为此，示仰各主家竝商販人等知悉：嗣後凡有苗販運到合式桅、叚大木，一經本分府号就，该主家即带同苗販，就赴公館，秉公議價。固不许高抬市價，阻挠舞獘，亦不得故意拖延，任催莫应。而徽、臨諸商，更不得将所号木植擅自争买，致悮公務。倘敢故违，之即查明，指名移送黎平府，嚴行究處，決不姑寬。各宜遵凛〔2〕毋违。特示。

【校箋】

〔1〕皇木，雙抬。

〔2〕遵凛，字疑顛倒，當為「凛遵」。

二十三、示（四）

為访查拏究事。照得流棍匪徒，实为地方之害，而窩頓〔1〕容窅，尤干法纪。本府访得王寨地方有開泰縣民穆先者，在该地置买房屋，開

張歇店〔2〕。凡有沅、靖等處無賴匪徒，不查来歷，窩寓盤踞。日則聚
衆赌博，夜則肆行偷窃。善民饮〔飲〕恨，街民切齒〔齒〕。現奉
撫部院嚴示檄飭，凡年壯流丐〔3〕，恐係外来奸匪，假袋肆橫〔4〕，为害
地方；俱应嚴行查禁，竝飭郷保盤诘驅逐，不許容苗在境，滋擾貽害，
業經遍示晓谕在案。该民穆先，胆敢藐玩〔5〕违法，殊堪髮指。该郷保
等不行稟究，应屬玩法疎縱〔6〕。除委员親徃查拏，將空房封闭，竝帶
犯讯究外，合行出示嚴谕。为此，示仰王寨郷保、店家人等知悉：凡外
来買賣貿〔貿〕易人荸，或投歇赁〔賃〕住，務湏询〔詢〕明来歷，
方許苗寓。倘係遊手匪徒，行踪不法〔7〕，立即嗚知郷保，協拏报解，
以凴尽法懲治，毋得容苗聚赌偷窃，爲害地方。如郷保敢于狗縱〔8〕，
一經访闻〔聞〕，或被告发，乏行一並锁〔鎖〕拏重究。本府言出法随
〔9〕，决不稍为寬贷。各宜凛遵毋违。特示。

【校箋】

〔1〕窩頓：即窩藏。

〔2〕歇店：客店、旅社。亦稱「歇家」。參見胡鐵球：《明清歇家研究》，第 9
〜11 頁。

〔3〕流丐：流浪乞食者。紀昀《閱微草堂筆記》卷十四〈槐西雜志四〉：「北
方之俗，凡神祠無廟祝者，慮流丐棲息，多以土墼墐其戶，而留一穴置
香爐。」

〔4〕肆橫：謂蠻橫無理，任意胡爲。黃六鴻《福惠全書》卷二十八〈總論〉：
「額外之苦，有馬匹之多索，各項之苛求，辱官毆吏、鎖撻馬夫之肆橫。」

〔5〕藐玩：輕視玩忽。

〔6〕疎縱：縱容，不加約束。亦作「疏縱」。

〔7〕不法：不合法度。

〔8〕狗縱：徇私縱容。

〔9〕言出法随：謂法令既布，即嚴格執行，不容遲緩。多用於佈告。陳弘謀《從
政遺規》卷上：「張橫渠爲令，每有告誡之事，必諄諄懇懇，令其轉相傳
述，并不時覘其曉喻與否，即是此意。近世告文，不論理而論勢，止圖詞

句之可聽，不顧情事之可行，不曰『言出法隨』，則曰『決不寬恕』。滿紙張皇，全無眞意，官以掛示便爲了事，而民亦遂視爲貼壁之空文矣。」

二十四、移遠口司（三）

　　爲移追木植事。窃照○府奉委来黔，駐箚王寨採办解京例木，業經移明天柱縣，轉委貴聽協办在案。本月二十二日，有山販石化琨運到杉木七十四根，內經○[1]府選買六根；又，山販龍德才運到杉木十八根，內選買三根；又，山販王德忠運到杉木十三根，內選買三根。各木頭亦均写〔寫〕有红硃

上用[2]字樣。曰时已日暮，未及折出。不料二十三日早，陡〔陡〕发大水，将木簰尽行漂流。当著各主家、山販赶赴下游〔游〕撈救。去後，旋據王德忠禀称，该犯之木已查至宰貢地方，被龍、王二姓撈獲，揹不准贖。又據山販石化琨、龍德才禀称，伊等被漂木植，已查明現垈區[3]民龍汝邦、龍汝富、龍子承等撈獲，均揹不准贖，等情。據此，○府查溪河暴水，事所常有，被漂木植，既經本主親徃赶撈，应各聽木撈救[4]。即或该地民人帮同撈獲，亦不過量为酬谢〔謝〕，豈容揹勒不還？查《律》載：[5]得遗〔遺〕失物，限五日內送官；＝〔官〕物尽数还官，私物召人認識[6]，半给充费半还；失物人如五日限外不送官者，官物坐贜論罪，＝〔罪〕止杖一百、徒三年，仍追物还官，私物减罪二等，＝〔等〕话。律禁何等森嚴。況○府被漂木植，乃[7]

欽工[8]要件，所发價銀，乃

國家[9]帑項，更非尋常官物可比。即山販等被漂之木，当經本主赶救，亦与遗失之物有间，豈容该地棍乘勢搶撈，恃强揹凷？实屬目無法纪，相应備文移追。爲此，合移　貴廳，请烦查照来文，迅即飭差，帶同山販石化琨等，将○府所買

上用[10]木植逐根查起，交与该地保爲守，聽俟○府僱就簰夫差揪[11]紫。至山販餘木，亦应附请照律酌量[12]，斷续不致地棍揹勒滋事，

以靖地方，以安商賈〔賈〕，实爲公便。竍切＝＝〔竍切〕。

【校箋】

〔1〕○，原抄本當爲「○」，然筆畫稍粗以至寫近爲「●」。

〔2〕上用，雙抬。

〔3〕坌區：應即指「坌處」。本卷之十七〈移遠口司（二）〉：「尋至宰贡、坌處地方，均經認明，被该處地棍龍汝邦、龍汝富等搶撈，揹勒不还，大干律禁。」

〔4〕应各聽木撈救，或應爲「聽其撈救」。

〔5〕《律》載：案，《大清律例》卷十四有「得遺失物」條：「凡得遺失之物，限五日內送官；官物盡數還官，私物召人識認，於內一半給與得物人充賞，一半給還失物人，如三十日內，無人識認者，全給。五日限外不送官者，官物坐贓論，罪止杖一百徒三年追物還官；私物減坐贓二等，其物一半入官，一半給主，若無主全入官。」

〔6〕認識，據上引《大清律例》「得遺失物」條，二字顛倒，應爲「識認」，但二詞亦可通用。

〔7〕乃，原抄本其字有塗改痕跡。

〔8〕欽工，雙抬。

〔9〕國家，單抬。

〔10〕上用，雙抬。

〔11〕揪：指揪紮木排。關於揪紮木排，可參見道光二十六年（1846 年）「五勸」木商瞿大元等刊立地石碑碑文：「〔托口〕下河原屬聚木之所，各處客商貫獲木植均由該河揪紮成排放行」。見單洪根：《木材時代：清水江林業史話》，第 58 頁。

〔12〕酌量：斟酌估量。

二十五、移黎平府（四）

爲匪徒兗颭〔1〕，乞恩移究事。窃照○廳奉委来黔，採办辛丑年解京例木。遵照向例，在扵王寨等處採办。诚恐呼应不靈，以及地棍阻撓，致滋掣肘，業經牒请示禁在案。本年五月十一日，據○役赵成具

稟〔2〕，前事〔3〕，稟稱：蟻〔4〕奉遣，僱船赴毛坪公幹，随扵河埠僱就唐姓甕洞船一隻，議價二百五十文，當即如数交清。及唤開船，讵船戶忽欲增價，不肯前徃。蟻随与理論，向退船錢另僱，伊又不退，及將蟻衣領揪扭。正在争闹，突有匪徒唐晚弟、唐老晚、湯兆麟莘，斜領其餘不知姓名十餘人，將蟻赶至公館門首攢毆。經徐三胖子見救，現在頭面、鼻梁、左乳、心坎、兩脇莘處，均被打傷，生死莫保，只求作主，莘情。據此，○廳復查無異，随驗該役趙成頭面、鼻梁，雖被打青腫，其傷当輕；惟左乳、心坎、兩脇，均屬致命重傷。現在卧床，不能行動，未便违例，遽令抬请驗讯。除延醫调治外，随飭役查明唐老弟、唐老晚、湯兆麟，及不知姓氏十餘人，均係房主穆先窩凼賭博，为害地方。○廳曰該役趙成重傷既重，恐有不測〔測〕，而兇犯唐老晚莘，又均係外来流匪，保〔5〕無畏法潛逃情事，復飭役传谕房主穆先管束，以免潛逃。讵穆先不但不遵，尤敢依恃土豪，率領流匪莘復至公館門首，大肆嚷罵。似此兇惡流匪，毆傷○役〔6〕，固屬不法，而穆先窩凼匪類，滋害地方，更干嚴例。雖前奉 檄委錦屏縣捕廳協办木植在案，但此案事闗匪徒兇毆，土豪滋事，若非牒请 堂台親提嚴究，不足以儆刁風。除移明錦屏縣捕廳申报外，相应備文，牒请提究。为此，牒呈

堂台，请即迅赐〔賜〕差，拘唐晚弟、唐老晚、湯兆麟、穆先莘到案，按律懲治。不独○廳便扵办公，即地方商民亦均安堵〔7〕，实为公便。禱切〔8〕＝＝〔禱切〕。湏至牒呈者。

【校箋】

〔1〕兇毆：惡鬥；行兇鬥毆。黃六鴻《福惠全書》卷十一〈禁打架〉：「即於衙門前，互相兇毆。」

〔2〕「趙成具稟」事：指本卷之十二〈稟詞〉，其「具稟人趙成」。

〔3〕前事：清代公文中，當採用套引來文之法敘述問題、交代行文關係時，如果引文中的事由與公文正文開頭的事由文字內容完全相同，則引文部分的事由多用「前事」二字代替，意即「同前事由」。本處之「前事」，

當即指本篇開頭之「爲匪徒兗殿，乞恩移究事」。另外，查其所引用之「趙成」之〈稟詞〉（本卷之十二），其事由亦言「为流匪兗殿，乞恩驗宄事」，所差別者僅「移」與「驗」二字。其使用是爲了避免重複，使文字簡略而含義自明。參見雷榮廣等：《清代文書綱要》，第 259 頁。

〔4〕蟻：清代向政府遞呈的文書中，遞文者用此語在官員前表示自稱，多見於訴訟文書中，相當於「我」、「我的」。參見劉運國等主編：《公文大辭典》，第 402 頁。

〔5〕保，據文意，或應爲「難保」。

〔6〕「役」字前，原抄本有「匪」字，似有刪去痕跡。據文意，當係誤寫。

〔7〕安堵，猶「安居」。

〔8〕禱切：表示祈求急切。

二十六、搭木執照 〔1〕

　　爲執照事。照得本分府奉委採办辛丑年解京

皇木 〔2〕。曰值苗疆、辰、沅各處產木甚少，採办非易，而　部價有限，賠累更甚。今雖将額之桅、杉、架、護木，俱竭力購齐，但自德山起運，由洞遅〔庭〕過長江，沿途磯石嶒崚 〔3〕，水势洶湧，經濤涉险，恐难免磕散之虞，必得多架護木，方保萬全。故扵德山河埠，抬得徽商戴喬如荢木植一宗，与该商三面議㝎，代運金陵。在本分府，藉商木以为保木，而该商荢，沾

皇 〔4〕 簿 〔5〕 以図便捷〔捷〕，诚官、商而有裨益 〔6〕 者也。所有該商木植应纳三闗

國稅 〔7〕，以及一路盤運、人工、食用、篾纜、篷舍，俱係本分府代办。該商照公议新敷頭 〔8〕 糧運銀兩，核算捴数，按照商例，分为四次兑交，以资公費。該商固不得短少分毫，本分府亦斷不格外加增，合行給照。为此，照仰該商奴 〔9〕 執，俟簿至江寧，将糧銀呈繳清楚，該商木植即親自認领。如本分府随帶丁役、包頭人荢，倘敢串同，侵蝕商木，及需索小费，或經稟明，或被查觉〔覺〕，立即按法嚴懲，決不

縱容滋擾。湏至執照者。

计开〔10〕議之條欵抒後：

一〔11〕、糧運銀两，照新之敷頭，核計捴数，明讓十分之一五。該商抒德山先交十分三四，照商例扣利銀二分五厘。〔12〕九江、蕪湖交銀，亦照商例。〔13〕自南京发銀日起，按月三分起息，江寧实兌，不折不扣。

一、圍木照公議会館所存之銅裁尺〔14〕較之〔15〕圍篾〔篾〕〔16〕。除頭上疤鼻，以五尺五寸为則。〔17〕空疤破爛，均不另讓〔18〕。圍量以頂尺为準，如止四分，不得为半寸；如只九分，不得为一寸。圍量手聽本分府選令妥人，秉公圍量，該商不得賄囑圍量手及監圍丁役，以多报少。本分府丁役亦不许以少报多。捴在兩不相欺，以昭公道。圍明尺寸，照馬價科算〔19〕敷銀。

一、木植長滿二丈二尺者，即为正木〔20〕，照馬敷銀。其餘短筒、用木〔21〕，照商例十件抽一。〔22〕如已滿三料者，照圍统以一贯八分计算價銀，每两抽二錢五分，以资運費。〔23〕

一、木植如有三尺六寸以上者，照贯頭估之價銀，一九抽分。〔24〕如該商大小木植，沿途设有损壞，本分府酌量稍讓糧銀。

一、該商交兌粮〔糧〕運銀两，其銀色議之九五半平之，議之上砝实兌。

一、該商所帶小夥偏工二十餘人，每月每人本分府酌给伙食一兩二錢，竝犒賞酒肉在內。每人自德山到南京，共给工食銀二两四錢。沿途協力相帮，不得怠惰，亦不许酗酒滋事。倘敢故违，輕則交該商自行戒飭，重則立拏责逐，決勿狥情，各冝凜遵。

【校箋】

〔1〕執照：官府發給的文字憑證。乾隆《大清會典則例》卷一百十四〈關禁〉：「雍正二年，覆准：採辦官用木植，該撫將所屬採木商人，給以執照，開明何項應用，數目若干，知照守關口官存票備案。」

〔2〕皇木，雙抬。

〔3〕嶒崚：高而險峻貌；不平貌。

〔4〕皇，原抄本「皇」字上半之「丿」之上端不全，不在紙上。紙無破損，唯筆畫超出。

〔5〕皇幝，雙抬。

〔6〕官、商而有裨益，據文意，「而」或作「兩」，即「官、商兩有裨益」。乾隆《大清會典則例》卷四十五〈鹽法上〉：「諭令商民公平賣買，隨時銷售，不得禁定鹽價以虧商，亦不得高擡時價以病民，務令商、民兩有裨益。」

〔7〕國稅，單抬。

〔8〕敷頭：附卷之一即爲〈公議新敷頭底〉。

另外，依龍泉碼圍量木材時，各地所用「篾尺」之折算碼子的規定各不相同。如產地賣平水，用敷約 8 分長的篾尺，則意味著「篾頭另加長 8 分不計圍度」，即一尺零八分僅計算一尺。若篾尺爲五分頭，即圍量一尺零五分算一尺。此之謂「敷頭」，又爲「圍篾空頭」。漢口、南京，均篾尺無頭，即爲過圍不敷頭，則有一尺計算一尺，無有折扣。參見《錦屏縣林業志》編纂委員會編：《錦屏縣林業志》，第 260、262 頁；貴州省編輯組編：《侗族社會歷史調查》，第 94～95 頁；錦屏縣三江鎮人民政府編：《三江鎮志》，第 839～840 頁。

〔9〕奴，形近疑訛，當爲「收」。

〔10〕「计開」段，低一格排。○计開：逐項開列，清單行頭慣用此二字提冒。

〔11〕一，此處及以下各段首之「一」均爲單抬。

〔12〕「该商拎德山」句：附卷之一〈公議新敷頭底〉：「每千錢粮，德山付四百，照利扣算。」

〔13〕九江、蕪湖交銀，亦照商例：附卷之一〈公議新敷頭底〉：「九江付銀，蕪湖付銀，其利按月計算，以南京发銀日爲始。」

〔14〕銅裁尺：又作「裁衣尺」，有「裁衣銅尺」上刻「公平交易」字樣者，圖樣參見丘光明編著：《中國歷代度量衡考》，北京：科學出版社 1992 年版，第 110～114 頁。

〔15〕較之，其「較」應爲「校」，即「校定」。

〔16〕圍篾：即「篾尺」。麟慶《河工器具圖說》卷一〈宣防器具〉：「有圍木尺，其制每尺較銅尺大五分，較裁尺小三分。其質以竹篾、熟皮、藤條爲之，均可專備圍收木植之用。」

（《河工器具圖說》「圍木尺」圖）

〔17〕除頭上疤鼻，以五尺五寸为则：本卷之十〈採買桅、叚木植〉：「其價值係用灘尺扵五尺上圍量。」麟慶《河工器具圖說》卷一〈宣防器具〉：「俗例：龍泉碼離木鼻關口五尺圍起；漕規碼離木鼻關口三尺圍起。」

〔18〕空疤破爛，均不另讓：採用龍泉碼圍量木材，對其質量有特別要求。杉木須「樹身壯實無空頭，樹身光潤無空槽、火剪，自樹梢五尺以下無節疤，樹身筆直無彎曲，樹兜與樹梢大小相稱，不呈現蒜頭形狀及腐朽、破爛等」。如有「空、疤、破、爛、尖、短、彎、草」等缺陷，則需要「讓篾」，「要讓 1 分或半分的碼子」。稱爲「明圍明讓」。參見貴州省編輯組編：《侗族社會歷史調查》，第 94 頁；《錦屏縣林業志》編纂委員會編：《錦屏縣林業志》，第 260 頁；參見常州市木材公司編：《常州市木材志（1800～1985）》，第 213 頁。又，「杉材有損壞不整者，必須讓篾與讓碼」。見陳嶸：《造林學各論》，第 28 頁。

〔19〕科算：估算；計算。乾隆《大清會典則例》卷一百三十六〈關稅〉：「照各號圍圓、尺寸，較原估本量，加三、四成，按則科算，各銀一兩，取稅三分。」參見許寶華等主編：《漢語方言大詞典》（第四卷），第 4208 頁。

〔20〕正木：龍泉碼圍量木材時，在木材規格上有所區分，一般分爲「正木、腳木、毛木和筒子」，「在包長範圍內長 3 丈以上的木材爲正木」。而此處規定，「木植長滿二丈二尺者，即为正木」，略有區別。南京文獻記載，「徑尺九、長二丈一尺的材木」即爲正木。參見《錦屏縣林業志》編纂委員會編：《錦屏縣林業志》，第 259 頁；黃慕庚等：〈古上新河鎮木業經營概況〉，第 92 頁。

又，此處之「正木」，與相對於「備木」、「護木」而言之所謂「正木」不同。原抄本僅在卷二之一〈稟藩憲〉言及：「应以正桅廿根之外，多帶備桅四根；正段杉三百八十根之外，多帶備杉四十根」。實際並未直接出現此意義上的「正木」之稱。參見高笑紅：〈清前期湖南例木採運——以《採運皇木案牘》爲中心〉，623～624 頁。

〔21〕短筒、用木：按《錦屏縣林業志》載：「筒子」即今「元木」，一般規定長 6 尺，而 1 丈 2 尺長者叫做「連筒」，「用木」見前註。參見《錦屏縣林業志》編纂委員會編：《錦屏縣林業志》，第 260 頁。

〔22〕「其餘短筒」句：附卷之一〈公議新敷頭底〉：「短筒十件抽一件。」

〔23〕「如已滿」句：附卷之一〈公議新敷頭底〉：「三料以上，照圍以一貫八分算價，每兩抽二錢五分。」

〔24〕「木植如有」句：附卷之一〈公議新敷頭底〉：「川亠，以上照賣壹九分銀。」

二十七、移黎平府天柱縣

爲咨行各省等事。案奉 〔1〕湖南　藩憲详委○廳来黔採办辛丑年解京桅木二十根，杉木三百八十根。又，奉　部行取

欽安殿 〔2〕所需旂杆木一根，燈杆木二根。遵照向例，在扵　贵治毛坪、王寨、卦治等處產木地方，分差採办，当經牒明在案。兹○廳已将桅、杉木植，按照　部之長大尺寸，如数採办齊全，陸续挽運赴楚。所买各木，俱係凭行秉公議價，当时給领，竝無短发，亦無髙抬市價情獎。至奉

部 〔3〕行取

欽安殿 〔4〕旂杆、燈杆木三根，○廳扵各處深山峻谷遍行採访，实無合式者。無凭採办，未便曰此久延，致违例限。今亠扵本月廿一日，帶领丁役人等回楚紮筏北運。除申報　湖南藩憲详请咨　部外，所有辦齐桅、杉木植，及出境日期，相应牒明。爲此，牒呈　堂台，请照来文事理，祈即轉报施行＝＝〔云云〕。

【校箋】

〔1〕案奉：上行文書中，用此語引敘上級來文，與「奉」、「竊奉」同，以說明所引敘之文句有案可查。劉運國等主編：《公文大辭典》，第407頁。

〔2〕欽安殿，雙抬。

〔3〕部，此處平抬乃恰逢上一列之末而轉至下一列之首，本篇上、下文逢「部」均爲挪抬。

〔4〕欽安殿，雙抬。

二十八、旂負〔員〕之子詳请凷署帮办公事

爲遵例〔1〕詳明事。○○遵查例載〔2〕，外任大小旂負随帶子弟，年至十八岁时，勒令埽旂。能學文者送入官學读書，能學武者著披甲当差。〔3〕倘子弟中有可以助其父兄〔4〕办理事務，或另有情節不能離任者，〔5〕详明各上司替撫核实，咨明　部、旂，年底吏部彙〔彙〕齐人数具題〔6〕等因，遵照在案。窃○○〔7〕，現年四十一歲，係正蓝〔藍〕旂滿洲伊林泰佐領下人。由生員，扵乾隆弍十八年補授　起居注筆帖式；三十五年，考補國子監助教；三十七年十二月內，保送引　見，以撫民通判记名；扵三十九年四月分選，授今戕〔職〕；扵八月十二日到任所。有○○長子富森泰，生扵乾隆二十九年，向随任所读書，現年一十八歲，例应埽旂。但○○現奉委办辛丑年解京桅、杉木植，在扵常、辰、沅郡，竝黔省苗地周厯採办，一有所獲，即湏陸续運放德山河下，綑紮成篺，起運北上。其僱夫紮筏一切支銷、工價、飯食及将来長途照应，在＝〔在〕〔8〕需人帮助。○○閒曹窮負，廉〔廉〕俸無多，勢難延友办理。今戕子富森泰，學習有年，頗識事務，亦能書算，正可暫为指臂〔9〕之助，实有難以遽離之勢，理合〔10〕遵例詳明　憲台，俯賜查核，咨明　_部_旂，实爲恩便。爲此，切＝〔切〕〔11〕。

【校箋】

〔1〕遵例：依照成例。

〔2〕例載：查乾隆《大清會典則例》卷十三〈赴任〉：「旗員子弟隨任。雍正

五年，遵旨議定：外任大小旗員，帶族人赴任所者，永行禁止。若係適
親子弟，十八歲以上，亦不得帶赴任所。倘私自帶往，及隱瞞歲數不令
回旗者，察出將該員解任，親送子弟來京，仍交部照外官違數多帶家口，
例降一級調用。失察之該旗都統，照不行詳察例，罰俸六月。」又，乾
隆《大清會典則例》卷十四〈歸籍〉：「乾隆三年，議准：旗員適親子弟，
舊係同居，實有不能相離之勢，督撫具題到日，由部察明不能相離情由，
具奏請旨。」再，乾隆《大清會典則例》卷一百十八〈公式三〉：「〔乾隆〕
七年，諭：向來旗員子弟，自幼隨任在外，年至十八歲者，例應來京。
若有欲留任所，協辦家務者，准督撫代爲題請，聽候部議。」

〔3〕「能學文者」句：嘉慶《大清會典事例》卷八百六十九〈患病〉：「其現任
外官有帶往族人及十八歲以上子弟者，俱行撤回，俟文到日，該督撫量
其路程遠近，照例勒限回京。習文者該旗送入官學讀書，習武者挑選披
甲執事人令其當差行走。若另有情由，願留任所者，該督撫行文該旗，
具奏辦理。」

〔4〕「兄」字後，原抄本「兄」字後，「办」字前，有「者」字，後刪去。

〔5〕倘子弟中有可以助其父兄办理事務，或另有情節不能離任者：光緒《大清
會典事例》卷一千一百四十九〈外任歸旗〉：「〔雍正〕十年諭：旗員子弟
久隨外任，不但伊等安逸游蕩，荒廢無成，而在署干預地方之事，每壞伊
等父兄聲名，是以從前議定，外官子弟十八歲以上者，悉令歸旗，或讀書
肄業，或披甲食糧，使之各有成就，不至廢棄，此朕教養之恩也。至伊等
子弟中，有可以助其父兄辦理事務，或另有情節不能相離者，朕原准奏聞
請旨，而道府以下官員不能自達於朕，亦有督撫代奏之例。」

〔6〕年底吏部彙齐人數具題：乾隆《大清會典則例》卷十四〈歸籍〉：「〔乾隆〕
七年，議准：旗員子弟至十八歲以上者，悉令歸旗。其實有不能相離之情，
方准奏請隨任道府等官督撫代奏。今欽奉諭旨在外，令該督撫題請在內，
呈明該都統察奏，是外任旗員子弟，無論在內在外，均准一例隨任。若必
逐案題奏，未免紛繁。嗣後外任子弟請留任所者，該督撫覈實情節，先行
咨明部旗存案，仍竢年終由部彙齊人數具題。其在旗各員初涖外任，呈請
帶往任所者仍遵。」

〔7〕○○：案，據其下「○○」自述之履歷，可證其人爲「英安」。英安，正藍
旗滿州伊林泰佐領下文生員。乾隆五十三年（1788年）三月初二日時履歷

述「年四十八歲」，故四十一歲時即爲乾隆四十六年，與上下文時間相符。參見秦國經主編：《清代官員履歷檔案全編》（第 20、22 冊），第 366、290頁。

〔8〕在＝：處處；到處。

〔9〕指臂：手指與臂膀，謂得力助手。

〔10〕理合：意即應該、應當，而語氣謙虛。參見雷榮廣等：《清代文書綱要》，第 257 頁。

〔11〕「切＝」後，原抄本此下數列位置留空，下一篇乃自下一頁起始。○切＝：「切切」，公文用語，有命切實注意之意。參見余同元等主編：《蘇州房地產契證圖文集》，第 396 頁。

二十九、移覆長沙府

　　爲飛檄〔1〕飭催查送事。本年〔2〕四月[某]日，准〔3〕堂台闍〔4〕開云云〔5〕等曰。准此，隨查○廳扵乾隆四十四年十二月內，奉委署〔6〕通道縣〔7〕事。〔8〕自乾隆四十五年正月初一日起，至九月初五日卸通道縣事止，計八個月零五日，応支本任〔9〕食半〔10〕、養廉〔11〕，共支過食半、養廉銀一百七十兩零一錢三分八厘八毛零。又，自九月廿四日到任接印回本任起，至年底止，計三個月零七日，応支本任全食、養廉銀五十一兩三錢八分八厘八毛零。所有九月初六至九月廿三日，当扣空扣半銀兩，当經扣存　藩庫〔12〕，竝未请領。再查，前署任〔13〕俟補縣州李，并無攝糧篆〔14〕，長沙府各任內接卸月日，及応支、応扣养〔養〕廉數目，亦応開造。但○廳現奉委办例木公出〔15〕，遠覊黔省，竝未携帶卷宗，無憑查核開造。相応備具空白印冊三本，竝○廳本任支食全、半、養廉數目，具文牒呈　堂台查核，竝飭轉飭○廳經承，檢查前署任〔16〕支食養廉數目，分晰開造轉送，庶不致舛錯遲延，竚切。

【校箋】

〔1〕飛檄：緊急之檄文。

〔2〕「年」字前，原抄本此前有字，被塗去。或係「月」字，不錄。

〔3〕准：引敘平級來文時用語，下接所引來文的文種及發文機關名稱。參見劉
　　　文傑：《歷史文書用語辭典》（明・清・民國部分），第 142 頁。

〔4〕關：即「關文」，平行機關文書，本義爲由此達彼，多用於質詢。清代關
　　　文更加普遍，不限於平行文書，也不專用於質詢、通報。凡是府、州、
　　　縣行文給佐貳、佐雜，或參將、游擊、都司，都用關文，即無直接隸屬
　　　關係的中級、低級各衙門之間的相互行文。參見劉運國等主編：《公文大
　　　辭典》，第 345 頁。

〔5〕云云，原抄本二小字一在右上、一在左下。

〔6〕委署：即管署缺員時，委派其他官員代理。清制，凡未經實授之缺，謂
　　　之「署缺」。分爲兩類：一爲「奏署」，即由各衙署長官題奏，經皇帝允
　　　准派署，稱「署某官」；一爲「委署」，即由各衙署長官派委署理，稱「委
　　　署某官」。參見呂宗力主編：《中國歷代官制大辭典》，第 819 頁。

〔7〕通道縣：在湖南西南，清屬靖州直隸州，在今懷化。

〔8〕「随查○廳」句：查，英安於乾隆四十四年，署任通道縣知縣。參見嘉慶
　　　《通道縣志》卷五〈秩官志〉；光緒《靖州直隸州志》卷七〈通道〉。

〔9〕本任：即指湖南長沙府通判而言。

〔10〕食半：即「食半俸」。分爲「食全俸」、「食半俸」和「無俸」三檔，本篇下
　　　文即有「全食」。參見翁禮華：《縱橫捭闔：中國財稅文化透視》，北京：中
　　　國財政經濟出版社 2011 年版，第 209 頁。

〔11〕養廉：即「養廉銀」。

〔12〕藩庫：即省庫，清代布政司所屬儲存錢穀的倉庫。

〔13〕署任：暫攝原任。

〔14〕兼攝糧篆：篆指印章，引申爲做官任職。例見《纂修景州志》卷三：「陞江
　　　南憲副，兼攝糧篆。」

〔15〕公出：因公事外出。

〔16〕「任」字後，原抄本該字後有「入」字，其上有短劃筆，疑刪去。

卷 三

一、致居停〔1〕（一）

沅陵〔2〕一函〔函〕，谅已登　覽〔3〕。頃扵洪江舟次〔4〕，接托口崞差巡江李端赍〔賚〕〔5〕来之稟，知曰贵州天柱縣客民羅文松偷闖被獲，現赴縣府具控莘情。本应即令巡江送稟来常，聽俟核办〔6〕，縁询知此簰即係李端莘赶至白兎〔兔〕地方拏獲。当被獲之时，客即遠颺〔7〕，僅獲牌夫三名至闖。将簰泊在白兎河下，凭李端交给该處店家看管。及询其店家姓名，又不能记憶。故○将李端帶回，以便舟過白兎，認簰酌办。伏思〔8〕此事，劉升莘但知拏客，竝不计事之輕重，簰之下落，未免荒谬〔謬〕。在木客偷闖，固不得不拏，然一經被獲，如客不照面〔9〕，即应立时送縣，豈可将牌夫锁至闖中六日之久，始行送縣？幸而無事，尚可办理，设或激成事端，則将何以措词也。○現在赶赴黔陽，与　才公商办，俟之局布　聞〔10〕。再據李端云，托口竝未号有桅、叚，苗江亦衹有叚無桅。其叚木亦随到随卖〔賣〕，向来木到客手，則难以轉买。○抵托後，即当赴苗一走，若俟　鈕公到来，恐又湏时日耳。　周公〔11〕處初以奏銷〔12〕为慮，觉〔覺〕有難色，迨○再三熟籌〔13〕，即承慨允。現此公颇〔頗〕有肝膽，必能踐信〔14〕。然其空缺太多，挪移非易，当扵仲春望〔15〕前，即崞人向取。并立一劵去，可不必言利。若銀一到手，務即遣人前来接济。闻向来木料之

－215－

多，捻在二、三月间，勿致臨期掣肘为要。先此布

達〔16〕，竝俟陞祺。〔17〕

【校箋】

〔1〕居停：本指寄居的住所，進而指寄居處所的主人（「居停主人」），如可以之稱房東。亦可指稱幕友之幕主。參見項義華：〈晚清新政與浙江近代教育轉型〉，載林呂建主編：《浙江歷代地方政府與社會治理》，杭州：浙江人民出版社 2010 年版，第 174 頁。在《案牘》中，當指辦事丁役之主，即英安。

〔2〕沅陵：在湖南西部，清代屬辰州府，隸辰沅永靖道。在今懷化市。

〔3〕登覽：即收閱。參見徐玉明編著：《中國交際辭令》，上海：東方出版中心 1999 年版，第 337 頁。

〔4〕舟次：船隻停泊之所，即碼頭；又指行船途中，船上。

〔5〕賚：賜；贈送。

〔6〕核辦：猶查辦。

〔7〕遠颺：謂逃竄遠地。

〔8〕伏思：伏，表示對上級之謙遜和恭敬；思，指思想，想法。此語後陳述具文者的想法。參見雷榮廣等：《清代文書綱要》，第 251 頁。

〔9〕照面：露面、見面。

〔10〕布闻：指向上傳報。

〔11〕周公：案，下文多有提及周公處，如本卷之二十一〈致沅陵縣周公〉有「沅陵縣周公」。又，本卷之十一〈致居停（五）〉有「周明府」。卷四之二〈致鈕公（八）〉：「然观濂溪公頗有肝膽。」亦與本篇「現此公颇有肝膽」呼應。

〔12〕奏銷：《六部成語註解》：「奏銷，用過款項奏明銷算也。」清代財政用語。清制，凡錢糧入有額徵，動有額支，解有額撥，存有額儲。無額者均循照舊案。徵無額者，令盡徵盡解；支無額者，令實用實銷；撥無額者，令隨時報撥、報儲。如各省每年收支錢糧，均應按期奏銷，湖南等省，限次年五月屆期奏銷。每屆奏銷之期，由藩司核造地丁奏銷清冊，各省督府核查加印，繕造黃冊，照依例定月分，於月底具題，出具文冊結，隨題本送戶部。戶部將到齊之案，匯核各款，將出入大數，與上年之數額逐項比較，

繕單具奏。若無故逾限者，議處。參見李鵬年等編著：《清代六部成語詞典》，第122～123頁；內藤乾吉等：《六部成語註解》，第148頁。另可參見陳鋒：〈清代前期奏銷制度與政策演變〉，《歷史研究》2000年第2期，第63～74頁。

〔13〕熟籌：仔細籌劃。

〔14〕踐信：踐言，守信。

〔15〕仲春望：仲春，指農曆二月；望，即望日，指農曆十五日。「仲春望前」，即二月十五日之前。

〔16〕布達：亦作「佈達」。達，到達（對方）。即陳述表達，告訴對方的恭敬說法，常用於書信結束處，表示陳述如上，使你明白的意思。參見徐玉明編著：《中國交際辭令》，第351、334頁

〔17〕竝候陞祺：候，即問候。升祺，指福氣上升。「升」亦指升職，乃書信中常見的對官場中人的祝頌語。參見朱英貴編著：《謙辭敬辭辭典》，成都：四川辭書出版社2005年版，第276頁；參見李澤平：《實用書信大全》，南京：江蘇文藝出版社1992年版，第339頁。

二、致居停（二）

　　洪江舟次署沅州別駕〔1〕順附一函，竝劉卓所寄之稟，諒均邀〔2〕清照〔3〕矣。○扚十三日晚抵黔陽，適　才明府〔4〕相驗〔5〕公出，随往拜〔拜〕內幕〔6〕童、馮二公。询悉，羅文松赴府具控时，才公曰撫軍〔7〕將到，诚恐上控〔8〕未便，始將羅文松呈词〔9〕接收，押回縣城集讯〔10〕。乙查阅伊词，竟控巡江張芝荨受賄包送〔11〕。曰思法令之初，虛实必須根究，庶扚公事有益。而细採才公爲人，未免拘泥〔12〕偏聽，恐扚此案畣〔含〕糊了事，則徃後一切，势難辦理。是以停舟等俟，向其面言。随一面著牌頭〔13〕湯武赴白兎，將所稟木植圍量尺寸，交与妥人看守，竝著李瑞〔14〕徃托口报信。劉榮扚十四晚，即帶同巡江張壽、明〔15〕即〔16〕張明芝到縣。乙诘讯劉榮与巡江等，所说言词闪〔閃〕鑠，大有疑竇。明知若輩各怀鬼胎，然又不得不廻護伊等。俟至望日午後才公回署，乙即面爲諄懇〔17〕，竝代吾兄作札相托〔18〕，承其

極口〔19〕应允，斷不膜視。乙随解纜，拎十六晚抵托。紛〔紛〕＝〔紛〕議論，不一而足。密令書役拎隣近舖家細加體访〔20〕，僉云，锁押〔21〕勒索，事屬情真。曰孫榮鳳不肯出錢，迨知羅文松赴縣具控，始行稟縣。幸贓未到手，尚可掩飾。復又作札，谆〔諄〕托才公嚴究妄控，以全若輩之面目耳。伏查卓魁等串同巡江張明舞獎之處，不可勝数。乙既奉命而来，則责有攸歸〔歸〕〔22〕，不得不據实陈之，诸〔諸〕惟〔23〕鑒察。

一〔24〕、主家認木，竝先行送木然後準算二條。乙在二嶽宮〔25〕时，曾谬以二者之中易滋獎竇〔26〕，斷不可行。乃伊等拎前月初九到闚，十四日即聽各主家認木，并將歷来從不認木之山客，亦聽其掛单〔單〕而去。又經預收主家木数十根。○雖不敢谓其必有獎端，然亦不能保其必無獎端。惟是章程既被擾壞，使乙莫能挽回，殊为恨極。今只可擇其殷实者，许以掛至一千，即繳木十根，不准多掛。其山客竟不准掛，此亦無可如何，不得不通融办理也。

一、查伊等所记斧木号簿，與巡江所登之簿，不但数目不符，無係臨时所缮。核之发票、存照〔27〕，尾数亦均不相符。且存照內有寫而復改者，有落而未塡者，有号次顛倒者。除落而未塡之外，算有九百六十三根，而号簿中又共有一千○七根。弔查〔28〕巡江所登之簿，只有九百四十餘根。及赴牌〔29〕眼同〔30〕伊等查點，連動用木料，实止有九百四十二根。似此〔31〕種＝〔種〕錯亂，顯有情獎，谅　慧心人自能默〔默〕喻〔32〕也。

一、查托口向稱美地，歷来朋友、長随，均樂居拎此，無不獲利而去者，盖緣此间所過木簰，除徑徃德山之外，有赴洪江、浦市〔33〕、白馬渡、河狱等處发賣者。此等客人所得之票，鮮有赴闚呈繳者。故無耻朋友，遂聽從長随等折價私分，竟難稽查。茲伊等亦曾折過廿餘根，係巡江張明芝過付〔34〕銀兩。

一、查十四日晚，劉榮帶同巡江張明芝、張壽赴縣。十五日，卓魁即私向主家蔣天標折價廿八根，將簰放過，得銀七兩五錢。曰巡江

李陽查知，即將五錢給与李陽，以塞其口。現據李陽將銀呈繳，是卓魁既敢如此大胆，則斷＝〔斳〕不可任用。其扵十八日，同简〔簡〕尊管〔35〕赴苗，且俟遲日〔36〕，聽其告假回去可也。

【校箋】

〔1〕別駕：漢置別駕從事史，爲刺史佐吏，刺史巡視轄境時，別駕乘驛車隨行，故名。後世相沿以之爲通判之別稱，以其近似別駕之職。

案，查同治《沅州府志》卷二十四〈職官下〉載其時沅州通判情況：「孫培統，江蘇金匱人，監生，乾隆三十六年任；李敘，直隸清宛人，貢生，乾隆四十七年任；秦敦承，湖北□□人，乾隆四十七年署；蕭光詠，湖北羅田人，舉人，乾隆四十九年署；趙希瀋，廣東嘉應人，監生，乾隆五十年署。」

〔2〕諒均邀：諒，料想；邀，求得、得到。即言「料想均已得到」。參見葉帆編著：《中華書信語辭典》，武漢：武漢出版社 2012 年版，第 460 頁。

〔3〕清照：下文作「青照」，即「青眼照看」，請人加以照料或給予照顧的客套語。

〔4〕才明府：即前後篇中所敘之「才公」，本卷之四即爲〈致黔陽縣才公〉。明府，即「明府君」之省稱，本爲郡守尊稱，唐以後以之爲縣令、知縣別稱。參見張政烺：《中國古代職官大辭典》，第 621 頁。

查同治《黔陽縣志》卷二十八〈職官表二〉：「〔黔陽縣知縣〕才彙征，直隸撫甯人，舉人，乾隆四十一年署任。葉夢麟，乾隆四十二年復任。」所謂「才公」或「才明府」，或指時任黔陽縣知縣「才彙征」。

〔5〕相驗：查看、檢驗，具體指驗傷或驗屍。參見吳士勳等主編：《宋元明清百部小說語詞大辭典》，第 1084 頁。

〔6〕內幕：幕僚。

〔7〕撫軍：明清巡撫別稱。參見張政烺：《中國古代職官大辭典》，第 530 頁。

查嘉慶《湖南通志》卷七十八〈職官十二〉載：「〔湖南巡撫〕梁國治，浙江會稽進士，三十六年任，有傳；覺羅敦福，滿洲鑲黃旗人，四十一年任；顏希深，廣東連平州人，四十二年任，有傳；李湖，江西南昌進士，四十三年任，有傳；劉墉，山東諸城進士，四十五年任；李世傑，貴州黔西州人，四十六年任；伊星阿，滿洲鑲黃旗舉人，四十八年任。」若以

「才彙征」於「乾隆四十一年署任」黔陽縣而計，則時任湖南巡撫應為覺羅敦福。又，本卷之二十五〈致居停（九）〉載：「更趂敦撫軍在埜」，可為對證。

〔8〕上控：即上訴。關於清代上控制度，可參見付春楊：《權利之救濟：清代民事訴訟程序探微》，武漢：武漢大學出版社 2012 年版，第 250～264 頁。

〔9〕呈词：猶「呈文」，指申告文辭。

〔10〕集訊：集中審訊。據研究，在州縣官的批示中，「如果被告在辯詞中對案情有不同說法，知縣們可能就會用『質訊』一詞，要雙方同時到場，在庭上對質。如果除原告及被告外，還要證人、村社或親族首事、或鄉保到場，協助衙門，知縣們就會用『集訊』一詞」。參見黃宗智：《清代的法律、社會與文化：民法的表達與實踐》，上海：上海書店出版社 2007 年版，第 95 頁；曹善壽主編、李榮高編註：《雲南林業文化碑刻》，德宏：德宏民族出版社 2005 年版，第 477 頁。

〔11〕包送：嘉慶《大清會典》卷十六〈貴州清吏司〉：「越行者：商貨須直赴關口輸稅，陸路不許遶避別口，水路不得私走支河；若有腳夫、船戶包送漏稅者，分別究治，地方官議處。」《戶部則例》亦有類似規定。另可參見黃啓臣：〈明清政府抑商政策對商品流通的阻滯〉，載陳鋒、張建民主編：《中國財政經濟史論稿：彭雨新教授百年誕辰紀念文集》，武漢：湖北人民出版社 2012 年版，第 135～136 頁。

〔12〕泥，原抄本其字之右部寫作「㞐」，下文亦有此寫法者。

〔13〕牌頭：案，前引《大清會典則例》卷三十三〈戶口下〉：「州縣城鄉，十戶立一牌頭。」又，衙役之首亦稱呼「牌頭」。參見吳士勳等主編：《宋元明清百部小說語詞大辭典》，第 797 頁。

〔14〕李瑞，或即「李端」，見本卷之一〈致居停（一）〉。

〔15〕張壽、明，當指張壽、張明二人。案，本篇下文有「串同巡江張明舞弊之處」、「劉榮帶同巡江張明芝、張壽赴縣」，本卷之四〈致黔陽縣才公〉亦有「巡役張明芝、張壽同地棍蔣漢文得銀十三兩」。以上幾處如無脫字，可證分別有「張明」、「張壽」二人，故「張壽、明」者，當為二人合稱。

〔16〕即，或應為「及」。

〔17〕諄懇：誠懇。

〔18〕托，當爲「託」。下文亦有「托」當作「託」者。

〔19〕極口：滿口。參見吳士勳等主編：《宋元明清百部小說語詞大辭典》，第 457
頁。

〔20〕體访：體察訪問，仔細查訪。

〔21〕锁押：關押。參見戴建兵、孫文閣輯註：《河北府縣鄉土碑刻輯錄》，天津：
天津古籍出版社 2016 年版，第 112 頁。

〔22〕责有攸歸：即「責有所歸」，責任有所歸屬。

〔23〕诸惟：書信用語，謂諸多事宜中希望注意某一件事。

〔24〕一，此處及以下各段首之「一」均爲單抬。

〔25〕二嶽宮：嘉慶《常德府志》卷十二〈廟壇〉：「二嶽宮殿在德山街」。

〔26〕獘竇：產生弊害的漏洞。

〔27〕存照：保存以備查考核對的文書。

〔28〕弔查：提取查閱。黃六鴻《福惠全書》卷三十〈嚴緝私販〉：「本商每月將
民間買過引鹽若干，呈報州縣，俟定期買完之日，將本商賣鹽底簿弔查。」

〔29〕牌，當爲「簰」。

〔30〕眼同：會同、跟同。

〔31〕似此，原抄本作「此似」，然二字之右均有「、」標記，應指二字顛倒，據
之改。

〔32〕黙喻：暗中曉喻。

〔33〕浦市：在今湖南湘西，清代爲貿易集散之市鎮。

〔34〕過付：《六部成語註解》：「過付，傳送賄賂。」參見內藤乾吉等：《六部成
語註解》，第 23 頁。

〔35〕尊管：對他人奴僕的敬稱。參見吉常宏主編：《漢語稱謂大詞典》，石家莊：
河北教育出版社 2001 年版，第 1276 頁。

〔36〕遲日：待後幾天；過幾天。

三、致宋公（一）

臨行匆促，未及趨〔趨〕別，竝領榘教 ⑴为歉。迺〔邇〕稔老先
生福履 ⑵安和，诸凡 ⑶ 顺手，自必 ⑷ 木已成林，昌勝遙羡。乙抡十

六晚抵圮〔5〕，寓在臨河小楼，正当北風〔6〕頭上，且係四通八達，奇冷非常，然猶可以酒力火威而禦之。惟是章程既被攬壞，主家悉被勾通，種＝〔種〕獘竇，難以枚举。雖扵主人札中详细備陈，其将何以挽回之處，尚祈指示津梁，扵公有益，是所深祷〔禱〕而籲望〔7〕者也。率此〔8〕佈達。

　　再，廿一日已发篩五抬〔9〕。查向来每招给实銀一兩九錢，米五斗一升。其五斗係按照每招廿日到德山核算，若係十五、六日到，即将餘米扣算回頭米內加又一斗之数；若到在廿日之外，又湏按日補给其一升零頭，係作买瓦罐之米。又，每招给柴四担，塩半斤，茶四兩。其篩工所帶物件，均照发票內查收，收存德山可也。

【校箋】

〔1〕榘教：榘，同「矩」，規矩、法度。同「矩教」，稱人教導之敬辭。參見葉帆編著：《中華書信語辭典》，第460頁。

〔2〕福履：福與祿。

〔3〕诸凡：所有；一切。

〔4〕自必：猶必然。

〔5〕圮，即「托」。

〔6〕「風」字後，此處原抄本原有一字，後被塗去，未辨。

〔7〕籲望：陳徐陵〈檄周文〉：「籲地呼天，望佇哀救。」

〔8〕率此：意即草率地寫到這裡，謙稱自己寫信倉促，用於書信正文之末。參見徐玉明編著：《中國交際辭令》，第351頁；李澤平：《實用書信大全》，第69頁。

〔9〕抬，本篇下文均作「招」。

四、致黔陽縣才公

　　昨谒〔謁〕琹〔琴〕堂〔1〕，深蒙垂愛，蕪荷老先生欵洽〔2〕情殷，醉酒飽德〔3〕，銘感难宣〔4〕。別後，于十七日抵托。此差頭绪〔緒〕紛繁，獘端百出，而自问庸愚，深形竭蹶。诸惟格外關照，不致有悮

公事，則感佩者不独一人已耳。至羅文松具控一案，一經秦鑑〔5〕，自必虛实立剖，原無庸鄙人瑣渎〔瀆〕〔6〕也。但既有所闻，不得不據实陈之，以憑台断。查托口地方，向有主家蔣天標、楊天佑荨一十六户。無論江西、徽州及本地客商，凡买有木植，均落在該主家店中买纜牂簿。俟簿牂就，即將木植若干，邀同主家赴關具报，聽俟驗明斧买，從無紊亂。前羅文松偷過木牌〔7〕，既非托口所牂，亦未投明主家，实係羅文松、孫榮鳳從上游地方，即商明幸長子包纜〔8〕偷過。今據羅文松所控，巡役張明芝、張壽同地棍蔣漢文得銀十三两，坐伊木簿包送過關荨语。细查伊荨偷關，在前月廿五夜、廿六早，經蔣漢文告知巡役張明芝，始赶赴日兎〔9〕地方拏獲。当將簿夫胡観〔觀〕音、瞿紹〔紹〕先，并客夥〔10〕孫榮鳳禀送氷〔冰〕案〔11〕。若果係蔣漢文得銀包送，不但不肯告知巡役，即廿五夜送赴白兎，廿六早亦不能在關报信。若谓巡役通關受賄，則又何敢禀明關上，親行往拏，自露破绽之理？其为羅文松挟嫌诬〔誣〕控，似無疑義。兹当法令之初，務祈诘讯羅文松荨，实係何人包送，何人受賄？抑係妄控，必得根究確鑿，以儆刁風。顷〔頃〕闻蔣漢文已經嚴讯再三，竝未承招。而乙處细访，亦实与其無涉，应请察釋〔12〕。再，羅文松刁悪異常，案結後務懇飭役押至托口，以便照例斧买桅、段木植，勿使刁徒漏網。是所深禱。肅此〔13〕佈達。云＝〔云〕。

【校箋】

〔1〕琴堂：《呂氏春秋·察賢》:「宓子賤治單父，彈鳴琴，身不下堂而單父治。」後遂稱州、府、縣署爲「琴堂」。

〔2〕欸洽：親密；親切。

〔3〕醉酒飽德：宴飲之後，客人敬謝主人之詞。《詩經·大雅·既醉》:「既醉以酒，既飽以德。君子萬年，介爾景福。」參見楊任之編著:《古今成語大詞典》，北京：北京工業大學出版社 2004 年版，第 1245 頁。

〔4〕銘感难宣：書信中的致謝語，感激不盡之意。參見陳文清主編:《文秘詞典》，第 357 頁。

〔5〕秦鑑：即「秦鏡」。傳秦始皇之鏡，能照人心善惡，後以之喻秉公斷案。

〔6〕瑣瀆：謂瑣瑣絮聒而褻瀆對方，爲書信之套語。

〔7〕牌：當爲「籰」。

〔8〕纜，或當爲「攬」。

〔9〕日兔，原抄本寫近「日」字，當爲「白」；「兔」字缺一點，徑改。

〔10〕客夥：方言中指「客人」。

〔11〕氷案：公文中稱呼收函機關爲「冰案」。

〔12〕察釋：詳察釋放。雍正《大清會典》卷百八十七〈斷獄〉：「凡遇恩詔到日，款內應免罪囚，已經部覆明白者，即時詳察釋放。」

〔13〕肅此：肅，嚴肅地。參見雷榮廣等：《清代文書綱要》，第 253 頁。

五、致居停（三）

廿二日差巡江張明赍上一函，已備陈一切，谅邀〔1〕鉴察。兹卓魁由苗疆旋〔2〕托，询知該處并無桅木，止號有段木三十餘根，苗家急湏議價。乙已扵廿七由陸路前往，将價植〔3〕議妥，再行回托。此间至〔4〕十七日起，至今日止，共斧過木一百八十餘根。羅文松業經才公责處，闻得斲买桅木一根，段木兩根，然尙未押来領價，而才公已赴府办理交代〔5〕矣。兹黔陽捕廳聶公〔6〕，曰公到此，已托其速为办理。聶公名恭，前曾署過長沙府司獄，谅經会過，便中〔7〕祈作札轉讬〔託〕，使其诸事照应也。

又

前函已成，適鈕先生抵托，接诵〔誦〕〔8〕手诵〔9〕，敬悉一切。竝承命徃苗疆探买桅、段，已遵扵廿七晚起程。曰卓魁之扵初一、二回常，暫甾劉升在此，俟简尊管到托更換。此间诸事，業已整頓有規，徃後似覺好办。現鈕公精明鍊〔鍊〕達，且係老手，自必勝扵後生小子。乙再与简尊管说明利弊，囑其事＝〔事〕甾心可也。

【校箋】

〔1〕谅邀：猶言「承蒙」。參見葉帆編著：《中華書信語辭典》，第 460 頁。

〔2〕旋：歸；還。

〔3〕植，應爲「值」。

〔4〕至，據文意應爲「自」。

〔5〕交代：清代制度，凡官員遷調或因其他緣故離任，必須將任內經辦之完
畢、未完事件、詞訟案件、檔案文卷以及倉庫錢糧等，向新任或署任官
員交接清楚，謂之「交代」。官員交代之期限、手續皆有定制。參見呂宗
力主編：《中國歷代官制大辭典》，第 380 頁。另外可參見魏光奇：〈清代
州縣財政探析〉，載氏著：《清代民國縣制和財政論集》，北京：社會科學
文獻出版社 2013 年版，第 278 頁。

〔6〕黔陽捕廳聶公：本篇下文言「聶公名恭，前曾署過長沙府司獄」。查同治
《黔陽縣志》卷二十八〈職官表二〉：「〔黔陽縣典史〕聶恭，江西新淦人，
乾隆三十九年任；王維新，四川南部人，乾隆四十三年任。」且聶恭任
黔陽縣典史期間，與前才彙征署任黔陽縣知縣期間（乾隆四十一年）重
合，可互證。此處「黔陽捕廳聶公」即指時任典史「聶恭」。

〔7〕便中：意指方便的時候。

〔8〕接诵：收到並閱看。诵，讀、看。參見李澤平：《實用書信大全》，第 287
頁。

〔9〕手诵：即以本卷下文而言，類似用詞有「手翰」（本卷之十〈復鈕公（二）〉）；
「手示」（本卷之十四〈致居停（六）〉、三十〈致鈕公（七）〉）；「手書」（本
卷之十五〈致宋公（四）〉、二十六〈致鈕公（六）〉）；「手教」（本卷之十
七〈致居停（七）〉、十九〈復鈕公（四）〉、二十三〈致鈕公（五）〉）；「手
谕」（本卷之二十二〈致居停（八）〉）。「手誦」並未查知，以下文本中也
未出現過。

六、致宋公（二）

　　頃接翰教〔1〕，知蒙垂注〔2〕情深，感泐〔3〕無既。桅、段年內萬難
多覓，只好俟明歲赶辦耳。山客冒充徽、臨，希図少斧〔4〕之奨，前
亦慮及扵此，曾加意甾心，竝無犯者。茲已轉致鈕公防範科察矣。乙
扵廿七日赴苗，彼處向不斧木，其奨只有外扣一端。乙惟与苗子当面
議價，当面交銀，谅不至为他人舞奨也。乙承主人愛同骨月〔5〕，自当

竭诚図報，任劳〔勞〕任怨，素所不邂〔6〕。今既受此受〔7〕托，更当秉公办事，何敢与猫鼠同眠，私侵主人之利，而贻大雅之〔8〕之識〔9〕？惟祈放心。荣〔榮〕兒未獲，難怪覩景傷情。然当以公事为重，萬勿生無益之愁。即如榮兒媽＝〔媽〕之媽＝〔媽〕，今不知生死存亡，亦只可付之一嘆〔歎〕而已。肅此佈達。

【校箋】

〔1〕頃接翰教：頃接，剛剛接到。翰教，書信的敬稱。翰，原指羽毛，後代稱毛筆文字或書信等；教，即教示。參見王雅軍編著：《實用委婉語詞典》，上海：上海辭書出版社 2005 年版，第 253、214 頁。

〔2〕垂注：關垂注問，關懷。林則徐：〈致長壽〉：「辱荷關垂注問，語重情深，且承寄到家言，莫名感謝。」參見蔣竹蓀、方誠彬編著：《書信用語詞典》，上海：上海辭書出版社 2002 年版，第 118 頁；林則徐全集編纂委員會編：《林則徐全集》（第七冊），福州：海峽文藝出版社 2002 年版，第 317 頁。

〔3〕感泐：即感銘。泐，有銘刻之意。

〔4〕山客冒充徽、臨，希図少斧：如見本卷之十九〈托口〉載：「徽、臨兩幫觪，每百斧一根。如係河洑行內買就之木，行家原有，每百二根繳官。」

〔5〕月，此處為「肉」之異寫。

〔6〕素所不邂，原抄本「素」字寫近「秦」；「邂」或應為「懈」。

〔7〕受，疑衍。

〔8〕之，疑衍。

〔9〕「大雅之識」：惲敬《大雲山房文稿》言事卷一〈與李守齋〉：「得手書，辭旨清妙，即此便非俗人所辨，不俗與俗，如水火陰陽，夫己氏豈有大雅之識耶？」

七、致宋公（三）

弟扵初三日，由水路抵苗。沿途灘河險〔險〕惡，受盡無数驚慌，而到此竟爲別有一天。且所見尽是蓬頭赤足，所聞無非牛糞猪尿。每当炊爨之时，更有一種烟薰臭氣四處吹来，令人難受。遙想近水楼臺，

憑相娛〔娛〕目〔1〕之樂，能不令人羞極妒〔妒〕極耶？現已号有桅木兩根，叚木卅餘根，俟买就另闻＝＝〔云云〕。

【校箋】

〔1〕娛目：悅目。枚乘〈七發〉：「練色娛目，流聲悅耳。」

八、致鈕先生（一）

梓里〔1〕名夅〔賢〕，他鄉聚晤，诚三生之幸也。但恨为人作嫁，公事催人，不克〔2〕暢領榘教为悵＝〔悵〕耳。別後，扵初三日抵苗。沿途灘河险恶，幾为水府之賔〔賓〕。而到此荒涼境界，所見所闻，殊令人可驚可怪。兹之地方齷齪，臭氣難当，若非主人之重托，眞不可以刻居之地。現在号有桅二根、叚三十餘根，價銀尚未議它，容日另報〔3〕，率此云＝〔云〕。

【校箋】

〔1〕梓里：故鄉。

〔2〕不克：不能。《詩・齊風・南山》：「析薪如之何，匪斧不克。」鄭玄箋：「克，能也。」

〔3〕容日另報：例見周汝登《周海門先生文錄》卷十〈與憨山上人〉：「不能就一字，容日另報。」

九、致居停（四）

抵苗後，由黔邑郵遞一械〔1〕，未知收到否？前号叚木，说至再三，始买就十根，用毛價〔2〕卅三兩。此外，又买叚木兩根，去毛銀四兩六錢。內一根有鳥眼一個，然木料甚好，而價稍賎，故买之，可作賣貨〔貨〕〔3〕。又买護木兩根，長四丈零，圍圓三尺餘，去毛銀二兩一錢。緣此處向来买至七月爲止，故不得不大小兹买，庶可多置貨物；若必择〔擇〕合式者，恐不能多得。前简尊管在此有一段木，議價二兩五錢，曰有鳥眼一個，即退之未买。乙查看此木，鋸作数叚，倓穀〔4〕

一付枋料，殊为可惜。是乙擬以好歹無收，只要正項無虧〔虧〕耳。
愚見如此，未知有当尊意否？至桅木两根，已还到四十八两，客猶不
賣，而主家竟硬喊五十五兩，被乙呵飭一番，仍搁〔擱〕起在崗。且
俟挨至年底，再作计较。再，桅木內一根只剛彀尺寸，一根則長及七
丈，圍圓有五尺，核之龍泉馬價，要賣十六兩零三分。一貫且作十貫
而論，則到南京亦值一百六十餘兩。似此算来，原不为贵。然主家擅
自喊價，若即照此发銀，則不足以儆，将来此间办桅掣肘情形，已可
概見。未識河狖究竟办得幾根否？每根实在去價若干？统望示知。盖
宋公所交简尊管成〔5〕办〔6〕木本，云桅木以毛價廿三兩爲率，而此间
实難如價採買。乙雖不敢拘泥惧事，然亦不敢太相懸絶〔絕〕〔7〕，未
免畏首畏尾。伏细查桅木價值之所以不能一之者，盖緣大木総以丈尺
圍圓而論。假如一桅圍圓四尺五寸、長六丈，一桅圍圓五尺、長七丈，
其價較六丈者要贵到四、五倍。近来大木甚少，焉能擇其剛合式者而
買之？只好見有即買，且俟买足後，方可揀選也。肅此＝〔8〕。

【校箋】

〔1〕椷，此處用同「緘」，書信。

〔2〕毛價：按〈黔南利弊問答〉：「毛價者，虛價也，張大之言也。每壹兩毛價
折銀三錢壹分三釐，必三百一十九兩五錢毛方折銀壹百兩。」參見錦屏縣
地方縣志編纂委員會編：《錦屏縣志（1991～2009）》（下），北京：方志出
版社 2011 年版，第 1557 頁。有學者猜測，毛價「可能就是木行開盤時的
喊價」。見程澤時：〈清代錦屏三寨當江之「利權」考——兼與楊有耕先生
商量〉，載張新民主編：《人文世界——區域、傳統、文化》（第 5 輯），成
都：巴蜀書社 2012 年版，第 425 頁。

另外，「皇木案稿」之「白銀案」中，有關於「毛價」的記載。〈光緒十三
年（1887 年）五月姜興國等控三江木材交易八弊案控詞〉：「其賣木兌價
一兩，即是一兩，並無毛價、扣平、申水等弊。延及嘉慶、道光初年，而
毛價興焉。」見潘志成等編著：《清江四案研究》，第 54 頁。而據此，「毛
價」之出現，並非自嘉慶、道光年間始，而可能乾隆年間或更早即有。

〔3〕賣貨：可出售的貨物。

〔4〕彀，此處用同「夠」。

〔5〕成，或爲「承」。

〔6〕「办」與「木」間，原抄本此處似原寫一「本」字，後塗去。

〔7〕懸絶：差別極大。

〔8〕＝，原抄本此處僅有一個「＝」，或可釋爲「云云」。本卷之十〈復鈕公（二）〉
　　　之末，即有「肅此云＝〔云〕」。

十、復鈕公（二）

乙，粗鄙人也。幸得高共事，諸望真切教之。乃頃接手翰，謬承
獎謙 〔1〕逾分，殊覺慚〔慚〕惶無地。此後望勿以泛＝〔泛〕外我是禱。
羅姓之事，办理甚当，只見仁人君子之處事存心，自是不同，实非後生
小子所能及也！欽佩＝＝〔欽佩〕！所买桅木两根，價既不高，货又甚
好，亦先生之调剂有方，使客唯＝〔唯〕而受命也。掛单之獎，若能除
绝更妙，如萬不能，亦只可從權办理。谅精明老手，加之處＝〔處〕甾
神，則魑魅罔兩 〔2〕自難施其伎倆〔倆〕矣！此间所号段木，已买就十
根，去價卅三两，亦不知费了多少唇舌。此外，又买得两根，去價四兩
有零。其桅木兩根，共还至四十四金 〔3〕，客猶不賣，且聽其多俟幾日，
再作计較。連日雨雪交加，竟無大木到崗，令人闷〔悶〕極。简姓所云
量木在五尺以上者，係此處客商买木規例，故我们亦照樣圍量，不過欲
苗子知尺寸短小，好講價錢。其实在採办，則仍照　部尺之規也。细
访主人所闻之大木，非在凱里 〔4〕，係在卡烏縣 〔5〕地方，此去有十七、
八天旱路，而中途極險，非通曉苗话之老客，莫敢至彼，我们那得其人。
若使差役前往，斷難成事，故而中止。今已 〔6〕另央徽客帶信前去，许
以大價，诳〔誆〕其放下，使到附近所在，再为设法購买耳。肅此云＝
〔云〕。

【校箋】

〔1〕「谦」與「逾」間，原抄本此處原寫有一「如」字，被圈去。

〔2〕魑魅罔两，應爲「魑魅魍魎」。

〔3〕四十四金：上篇作「四十八兩」，見卷三之九〈致居停（四）〉：「至桅木两根，已还到四十八兩，客猶不賣」。

〔4〕凱里：今貴州黔東南苗族侗族自治州首府。

〔5〕烏，原抄本寫近「鳥」。○卡烏縣：查貴州有「卡烏汛」。乾隆《貴州通志》卷二十二〈武備〉：「分防卡烏汛，把總一員，兵五□名。」

〔6〕「已」字處，原抄本此處原寫有一「今」字，被劃去，在其字右下補寫小字「已」，據之改。

十一、致居停（五）

十七日发申〔1〕一函，備陳大概。現屆歲暮，而河水甚小，竟無大木到崗，惟日夕兀坐而已。頃闻都匀府〔2〕地方有一苗寨，大木甚多，向係公禁未砍〔3〕。茲闻彼此搆讼〔訟〕，官斷開山〔4〕，現在伐有許多大木在坡，只等发水放下。據此看來，則明年之桅、段猶易採办，此诚吾哥之福，可爲预〔預〕贺〔賀〕〔5〕也。所號桅木，前以主家硬喊五十五两，被乙面飭一頓，仍未与买。乃此间崗规，捴以主家一喊为憑。〔6〕客人斷不肯少，惟日与主家吵闹，而主家法無可施。今早邀隣店之徽客们前來，懇求情願受罚，随罚其銀二两。乙出銀五十三两，爲之买就。既全伊等面目，亦可使毛坪主家知所畏惧，不敢亂喊也。雖向来採办例木，從無罚令主家出銀之理，在仁厚者觀之，未免谓乙刻薄。然乙拎到崗後，即访得买木緫潙主家公喊，而前手王友在此有一桅木，王友只还三十兩，主家竟硬喊卅八兩。盖緣大木客商多係附近之人，与若輩非親即友，保無串同增價之獎。是以先与主家再三订〔訂〕之，捴不許多喊，而伊又復如是。若不加以飭罚，則何弖以儆將來？乙又恐外人不知就理，私相議論，復传集各主家，晓以前情，喻以大理。不但本人俯服，即其餘亦唯＝〔唯〕而去。頃接鈕公来札，知拎明正〔7〕欲携眷至托，原为图子起見，非好拎舉〔舉〕動，而有他意也。其伙食等物，包之为妥。茲另起爐灶，必湏添僱厨夫，未免多费，不如同爨为省。今乙議以連家人、書役、茉飯一竝在內，每月

包送伙食錢五千四百文，米三石，其餘多費，悉出鈕帮贴〔賈〕〔8〕。如此似乎两便，而又简省，谅吾哥之勿以擅耑而咎我也。至鈕公前曾在過托口，该處之主家崔良佐父子，并楊监生兄弟，向係交好。今仍往来，作为耳目，似扵公事有益。奈巡役等竟以渠交廣为谮〔譖〕〔9〕，而简尊纪〔10〕亦遂惑聽。窃思办理公事，全在上下相孚，若各怀疑贰〔11〕，則未免掣肘。在乙雖與鈕公初會，然其爲人之爽直，已可概見。況渠之眞诚古道，始經许參軍〔12〕，继〔繼〕而劉司馬〔13〕、周明府〔14〕，交相賛譽，則更知渠之必有見信扵人，而後使人之器重也。且吾哥素擅知人之哲，亦与相處数日，其为人爽直正派，谅邀洞鉴，尚祈開導简尊管是祷。再，顷有山客戴茂盛等到苗，據稱，前在托口斧過木四十根，而票內只写四根。現被德山查出数目不符，將簰峝住不放，特来查清。乙随询诸劉升。據云，登记发票常係卓魁經手〔15〕，伊亦不能记憶。但云，主人楊天佑家從無斧過四根之木。而現據托口巡役等来禀云，实在斧過四十根，谅係錯写無疑。然伊等所记簿票前已寄呈，無凭查核。祈吾哥核对巡江等所记之账〔賬〕，或有名姓、数目，亦未可乞。至卓魁所记之簿，既無名姓，又係每日统同籠记，則難以核對。故乙在托所记斧木，係每起各记，註以姓名、数目，而发票尾根亦照依登记，庶可兩相較對〔16〕，不致互異。今戴客以木少数，遠至苗地，徃返未免多费。此皆我们人办事不妥，而客亦過扵忽畧所致。尚祈速为查明发放，率此佈達＝＝〔云云〕。

【校箋】

〔1〕发申：發文申報。參見汪廷奎、茅林立選註：《林則徐讀本》，福州：海峽文藝出版社 2015 年版，第 155 頁。

〔2〕都匀府：在今貴州都匀市，明弘治七年（1494 年）置府。清康熙十一年（1672 年）改都匀衛爲都匀縣，隸都匀府。

〔3〕公禁未砍：貴州苗寨常有蓄禁之林木，如文斗寨有碑文：「此本寨護寨木，蓄禁，不許後代砍伐，存以壯麗山川。」參見梁聰：《清代清水江下游村寨社會的契約規範與秩序——以文斗苗寨契約文書爲中心的研究》，北

京：人民出版社 2008 年版，第 199 頁。關於清水江流域林木的蓄禁與砍伐，參見瞿見：〈清水江林業契約中的採伐權：規範及其實踐〉，《貴州大學學報》（社會科學版）2018 年第 3 期，第 49～58 頁。

〔4〕開山：即指進山砍伐。採伐之前，尚有「開山酒」的習俗。具體可參見單洪根：《錦屏文書與清水江木商文化》，北京：中國政法大學出版社 2017 年版，第 45～46 頁；梁明武：《明清時期木材商品經濟研究》，第 25 頁及以下。

〔5〕预贺，原抄本作「贺预」，其上加調換符號，示意二字顛倒，據之改。

〔6〕捴以主家一喊为憑：主家在買賣時從中喊盤定價，有「一口喊斷千金價」之權威。具體而言，相傳在三江地方買賣雙方議價，如果雙方堅持己見，則需經過數日所謂「三起三落」之談判方談妥。而「有時主家（中間人）為促使成交，當雙方堅持不決時，以斷然態度，將他（主家）認為適中的價格，擅向雙方正式宣布，這是主家習慣上的權力」。如此，賣方雖不樂意，但由於成規所在，不得不賣，惱怒之餘會追擊主家。而主家則在喊出價格後，例必先自逃脫，賣家則緊追不捨。等待嗣後氣消，仍以主家喊價成交。下文所敘述，即是類似情形。參見貴州省錦屏縣志編纂委員會編：《錦屏縣志》，貴陽：貴州人民出版社 1995 年版，第 521 頁；俞渭源：〈我對廣木的認識〉，載常州市木材公司編：《常州市木材志（1800～1985）》，常州：常州市木材公司 1986 年版，第 131～132 頁。

〔7〕明正：意即「明年正月」。

〔8〕帮贴：疑「贴」或為「貼」之訛，即「幫貼」。

〔9〕谮：誣陷；中傷。

〔10〕尊紀：《左傳・僖公二十四年》：「秦伯送衛於晉三千人，實紀綱之僕。」後因之以「尊紀」為奴僕之雅稱。如《蕩寇誌》第七十六回：「小姪有句話要稟叔父，叫尊紀迴避了。」見張拱貴主編：《漢語委婉語詞典》，北京：北京語言文化大學出版社 1996 年版，第 203 頁。

〔11〕疑貳：因猜忌而生異心。

〔12〕许參軍：明、清稱經略為「參軍」。

〔13〕劉司馬：後世稱府同知為「司馬」。

〔14〕周明府：查嘉慶《慈利縣志》卷五〈職官〉：「周夢龍，浙江山陰縣監生，

乾隆三十八年任〔慈利縣知縣〕。」同治《沅陵縣志》卷十九〈職官二〉：「黃華年，江西清江人，舉人，四十年任；周夢龍，浙江山陰人，四十一年任；張慶源，浙江秀水人，進士，四十三年任。」本卷之二十一〈致沅陵縣周公〉有「沅陵縣周公」，任職時間及地點均屬吻合，故此處「周明府」當爲知縣周夢龍。

〔15〕經手：即「經辦」，指承辦錢糧收支等事宜。參見李鵬年等編著：《清代六部成語詞典》，第 113 頁。

〔16〕較對，即「校對」。例見《古今圖書集成》之《理學彙編·經籍典·明史部》第三百九十七卷〈總論之十三〉：「頃因纂修《熹宗皇帝實錄》，從閣中恭請《光宗皇帝實錄》副本較對，見其間舛誤甚多。」

十二、復鈕公（三）

十三、十七兩函奉達，諒邀青照矣。頃接翰教，備悉一切掛單之獒。居停所欲除者，亦不過恐臨时短少，并以小木充数。今既經先生明察，預当好簿，爲日後斧抽之计，叧見慮無不周，而獒無不杜也。尊駕〔1〕既擬明正接寶眷至托，伙食等物，自应包乞，庶为两便。若另起爐灶，未免多费，诚不如同爨为省。承谕，连廠內伙食，每口包錢一百八十文，原不算多，然伙食既包，而食米亦必包乞为妥。乙算現食之米，每日不過一斗，竟斗胆乞以每月包送伙食錢五千四百文，米三石，已照数札致居停，諒無異言。盖素知居停平日處事大方，斷不以此斤＝〔斤〕較量也。至崔、楊二姓，既係先生舊交，与之往来而作为耳目，正扵公事有益。巡役之譖，直以小人之心窺測〔測〕君子。简姓如果惑聽，是其愚直之處。雖〔2〕居停与先生初交，然擅知人之哲。今承先生实心籌昼，無不盡善盡美。在居停闻之，当必益加欽佩，而何有疑貳也？總之，我輩代人行事，原難讨〔討〕好，故乙向在各處，惟有認乞正路行去，问心無愧而已。前与先生相聚，晨夕深見眞诚古道，豈是猫鼠同眠之輩？前已開導简姓，诸望原其粗率是禱。率此佈復〔3〕。

【校箋】

〔1〕尊駕：對對方之敬稱。意即不敢直稱其人，而指其車乘而言。

〔2〕「雖」與「居」間，原抄本此處有「先」字，被劃去。

〔3〕佈復：陳述並回覆如上的意思，多用於書信正文之末。參見徐玉明編著：《中國交際辭令》，第334頁。

十三、致浮山〔1〕程公

乙未〔2〕秋，得拎星沙〔3〕重扼芝範〔4〕，暢叙〔敍〕潤〔闊〕悰〔5〕，别後忽＝〔忽〕又是春秋兩度矣。遙闻政履交崇〔6〕，閤潭廸〔迪〕吉〔7〕为慶。ㄛ自乙未冬就署慈利〔8〕英公〔9〕之聘，鹿＝〔鹿〕〔10〕年餘。九月底，因居停奉办例木，現至贵州黎平府之卦治寨，採買桅、叚木植。昨過黔陽时，得見敝業师葉先生〔11〕，询悉尊處有盜案未獲，将及四衾〔12〕，恐干吏議〔13〕为慮。然查例載，〔14〕無级〔級〕可降之员，遇降三级以內之案，有询闻居官如何之處；如居官好者，议以革戠畄任，三年無過，准其開復。是此案猶可挽回。只湏拎四衾之时，懇求縣尊〔15〕拎详文〔16〕內加以考註，聲请畄任，即無妨碍。若拎文內疎漏，一經出详，则莫可挽回矣。至拎卅八年，贵州図臬台〔17〕條陈〔18〕：無级可降之負，即行革戠，毋庸询问。〔19〕居官者，乃專指改遣〔20〕重犯遞脱，限滿未獲而言，竝非一概而論也。方特将原例抄呈，萬勿聽他人錯認條例，故为刁難。現在芷邑〔21〕內幕樊碧堂先生，係ㄛ交好，便中祈与说明，懇其照应，庶秉筆时不致疎漏也。

【校箋】

〔1〕浮山：案，浮山所指有多處，在湖南者，有安福縣之「浮山」。見乾隆《安福縣志》卷二〈輿地志〉：「浮山，在治南十里，層峰叠嶂，連亘百里。」安福縣即今臨澧縣。

〔2〕乙未：查乾隆四十年（1775年）爲乙未年，當即指此。

〔3〕星沙：在長沙縣。

〔4〕芝範：客套語，指道德學問堪作典範的人。《紅樓夢》第一百一十五回：

「今日弟幸會芝範，想領教一番超凡入聖的道理。」參見吳士勳等主編：《宋元明清百部小說語詞大辭典》，第 1283 頁。

〔5〕闊悰：久別而生的懷念。顧炎武〈覆張又南書〉：「白石清泉，共談中懍，慰二載之闊悰，訂千秋之大業。」

〔6〕崇：隆大，增長。參見朱英貴編著：《謙辭敬辭辭典》，第 39～40 頁。

〔7〕闔潭迪吉：闔，即「闔」，意爲全；潭，指潭府，尊稱他人大宅。迪吉，吉祥。參見朱英貴編著：《謙辭敬辭辭典》，第 123 頁。

〔8〕慈利：即慈利縣，在今湖南張家界市。

〔9〕署慈利英公：查嘉慶《慈利縣志》卷五〈職官〉：「英安，正藍旗生員，國子監助教，選通判，乾隆三十九年署任；荊道乾，字健中，山西臨晉縣舉人，乾隆四十一年署任，心清氣和，斷決如神，士民愛戴，到今弗諼，後累陞安徽巡撫。」可知英公即指時署任慈利縣知縣英安。

〔10〕鹿＝：平凡；忙碌。

〔11〕葉先生：查同治《黔陽縣志》卷二十八〈職官表二〉：「〔黔陽縣知縣〕葉夢麟，浙江嘉善人，副榜，乾隆四十年任……葉夢麟，乾隆四十二年復任。」此處黔陽葉先生未詳，存以備考。

〔12〕四叅：清代針對緝兇官員有「初叅、二叅、三叅、四叅」的規定，「四叅」有「降級留任」之罰。乾隆《大清會典則例》卷一百十七〈公式二〉：「又議准，吉林白都訥寧古塔等處，設番役緝拏盜賊，其管轄番役官，如能實心督率，於限內將一案盜賊全獲者，每案紀錄二次，逾限不獲，照州縣印捕官初叅、二叅、三叅、四叅之例議處。」具體可參見鄭競毅編著：《法律大辭書》，北京：商務印書館 2012 年版，第 1705～1706 頁；劉廣安、沈成寶：《清代法律體系辨析》，北京：中國政法大學出版社 2017 年版，第 115～120 頁。

〔13〕吏議：指司法官員關於處分定罪的擬議。

〔14〕例載：下引述條文，可見乾隆《大清會典則例》卷十二〈降罰〉：「〔雍正〕八年遵旨議定：凡京外無級可降之員，遇應行降調之案，在三級以內者，該管官將居官如何之處出具考語送部。如居官好者，議以革職留任，三年無過，開復；居官平常者，議以無級可降，革職；或甫經任事，尚未定其賢否，該管官聲明到部，議以暫行革職留任，仍令該管官試看一年。如能供職效力，該管官報部注冊，准於奉文，試看之日扣限三年無過，開復；

如不能供職效力，照例參革。」

〔15〕縣尊：知縣之別稱。

〔16〕詳文：向上級管署呈報請示的文書種類。

〔17〕図，訛，應爲「國」。○図臬台：案，查乾隆三十八年（1773 年），貴州按察使（臬台）爲「國棟」。國棟，滿正黃旗人，乾隆二年（1737 年）進士，乾隆三十七年八月至四十年十月，任貴州按察使；其中，乾隆三十九年五月至四十年十月，以按察使署布政使。見〈清朝貴州按察使一覽表〉及〈清朝貴州布政使一覽表〉，載侯清泉：《貴州歷代職官一覽表》，貴陽：中國近現代史料學學會貴陽市會員聯絡處 2003 年版，第 168、157 頁。

又，查《清代職官年表》「乾隆三七年壬辰（1772）」載：「（滿）國棟：辛卯；淮關監督授。」至「乾隆四二年丁酉（1777）」止，「戊午；浙按互調」。參見錢實甫編：《清代職官年表》（第三冊），北京：中華書局 1980 年版，第 2077～2082 頁。

〔18〕條陳：分條陳述，亦指呈文。

〔19〕「貴州図臬台條陳：無级可降之員，即行革耿，毋庸詢问」事：查《清實錄·高宗純皇帝實錄》卷九百四十五〈乾隆三十八年十月下己酉〉載有此事，可堪對校：「吏部議准。貴州按察使國棟奏稱：定例改遣人犯脫逃，限內無獲，兼轄之州縣、降級調用。從九品、未入流，係無級可降。詢問居官尚好，革職留任。查捕官專司捕務，既不能防範於前，復不能追拏於後，居官平常，已屬可見。請即行革職。從之。」

〔20〕改遣：清代在五刑以外，尚有軍、遣，後者犯者稱爲遣犯，「改遣」有「流刑改遣」、「軍罪改遣」、「免死改遣」、「枷號改遣」等。具體參見王希隆：《清代西北屯田研究》，蘭州：蘭州大學出版社 1990 年版，第 109～115 頁。

〔21〕芷邑：指芷江縣，沅州府治所所在。芷江縣並黔陽縣同屬沅州府。「芷邑」爲其代稱，例可見乾隆《芷江縣志》卷一〈星野〉。但原抄本「芷」字難辨，存以備考。

十四、致居停（六）

陽和律轉〔1〕，萬景咸新。遙稔吾哥大人政履交崇，福隨春茂为慶。

但不識幾时省旋，準扵何日由沅来苗，殊为繫念。十二晚，简尊管著役迻来鈞谕，備聆一切，并蒙大嫂夫人垂念微〔微〕軀弱質〔質〕不勝摧折，賜寄衻棉禦寒，眞不啻绨〔綈〕袍之贈〔贈〕〔2〕。仰見大^{哥嫂}愛如骨月，無所不至，自顾〔顧〕何缘，竟得遭斯隆〔隆〕遇。遥〔遙〕为叩领，感甚＝〔感甚〕。寄来銀物，俱經简紀收存托口。因接其来字，未將上□〔3〕開看，而信中所说，又辭不達意，甚以为念。今特遣谭〔譚〕陞前往查收，稟覆〔4〕承谕，仍往托口请鈕公来苗。本应遵命，然鈕公已扵臘〔臘〕月廿一回辰，二月初始得回托。現在卦治舊木壅塞未疏，新簰接踵而到，各客与苗子仍在此间买賣，故未便移。已扵十二着劉荣帶同巡役二人先徃毛坪守住，乙擬扵十九始搬。且闻毛坪主家較卦治更刁，又有生員三名，無不聽其號令。设使立闗之初办理未善，彼即渐＝〔渐〕侵欺，無所底止。乙俟到彼，當先以術法籠络〔絡〕若輩，如行军之道先擒其王，其餘小卒不難收伏矣。今又买有叚木数根，其頂大一根，去毛價〔5〕四两二錢。其餘二两一二并一两一二者，較去臘所买覺得便宜，亦未尝〔嘗〕非一罚之功。其四两二錢者，圍圓四尺零，長五丈零，故出此大價与买。若帶赴南京，约值二、三十两。是号买叚木難以一概而論，総看木料長整，按照尺寸，核之龍泉馬價，以三贯內外与买，揔不吃虧，此老客所傳之秘法也。河洑所买叚木，若果長大標緻，即元銀四两亦不为贵，若僅夠叚木尺寸，則徃後不必再买。闻此间三、四月甚廣，若不賣放，侭可多覓。至托口之弊，不外折價放簰。鈕公前番在托，雖有瑕疵可議〔6〕，彼时係与賈公之少君〔7〕、外甥輩串同朦混。所谓夫人必自侮，然後人侮之。今吾哥精明素著，乙亦再四与其说明，谅不致復蹈前轍。即或故志復萌，亦必俟五、六月间始可施伎。據乙愚見，且到比时再与更调〔8〕，則此间栀、叚已有八、九，仍扵公事無碍，而扵鈕公面上覺得好看。可否，悉聽尊裁，乙則毫無私意存焉。喜祥为简紀暫〔暫〕甾作伴，其扵臘月廿五到托，直至此时始將手示〔9〕迻来，其才識已可概見。劉荣現在办事均甚小心，应请甾用。肅此佈復。〔10〕

　　所谓夫人不〔11〕自侮，然後人侮之。今吾哥精明素著，交友以義〔12〕，乙亦再四与其说明，谅不致復蹈前轍。即或故志歆〔欲〕明〔13〕，亦必〔14〕俟四、五月间〔15〕始可施伎。擾〔據〕△〔16〕愚見，且到比時〔17〕再與〔18〕更调，則〔19〕此间桄、叚已有八、九，仍扵公事無碍，而扵鈕公面上覺〔20〕得好看。可否，悉聽尊裁，乙則毫無私意存焉。喜祥爲〔21〕简纪暫〔22〕凷作伴，其于臈〔臘〕〔23〕月廿五到圫〔24〕，直至此時〔25〕始將手示送来，其才識已可概見。劉荣現在辦〔26〕事均甚小心，應〔27〕请凷用，肅此布〔28〕復＝＝〔云云〕〔29〕。

【校箋】

〔1〕陽和律轉：陽和，指陽氣，又借指春天。律，指節氣和氣候。律轉，即季節迴轉。沈清風〈春雪賦〉：「若夫陽和律轉，景候方新。」見馬積高、葉幼明主編：《歷代詞賦總匯》（清代卷）第 15 冊，長沙：湖南文藝出版社 2014 年版，第 14229 頁。參見陳鍾秀：《味雪詩存 味雪詩逸草》，張俊立校注、臨潭縣檔案局編，蘭州：甘肅文化出版社 2012 年版，第 37 頁。

〔2〕綈袍之贈：典出《史記・范雎蔡澤列傳》。魏國人范雎隨須賈出使齊國受疑，被笞辱幾死。後范雎逃至秦國爲相，須賈使秦，范雎聞而微行見之。須賈意哀之，留飲食，贈綈袍。後須賈知范雎爲秦相，肉袒謝罪，而范雎不記前仇。後世以綈袍之贈表示不忘舊情，給予餽贈。參見辛夷、成志偉主編：《中國典故大辭典》，北京：北京燕山出版社 1991 年版，第 674 頁。

〔3〕□，其字不清，其左爲「才」或「木」旁，右部未審。據文意，或爲「札」字。

〔4〕稟覆：向尊長回報。

〔5〕「毛價」後，原抄本該處原有「兩」字，被劃去。

〔6〕「議」後，原抄本該處有「彼」字，似有刪除符號，且下文重寫「彼」字，前者當衍，據之刪。

〔7〕少君：敬稱他人之子。

〔8〕更调：調任。

〔9〕手示：敬稱對方親筆來信。

〔10〕「肅此佈復」，本篇原當至此爲止，原抄本至此亦爲當頁之末，其後留空約
　　　有兩列。然而，下一頁頂格之始，即爲下「所谓」段，乃重複前文，而內
　　　文及用字均略有不同。另外，原抄本該段起始「所」字之右上有「コ」標
　　　記，該段之末「布復＝＝」之左下有「∟」標記。此二標記似表示框限該
　　　重複之段落。
　　　　又，自「所谓」段始，至本卷末止，即卷四之一〈致居停（十二）〉之前，
　　　原抄本此部分之字跡均與前文顯著不同。

〔11〕不，據上文重複段校之，當爲「必」。

〔12〕交友以義，上文重複段無此句。

〔13〕欹明，上文重複段作「復萌」。

〔14〕必，原抄本此字與上文重複段寫法有異。

〔15〕四、五月间，上文重複段作「五、六月间」。

〔16〕△，原抄本此段始字跡有變，此符號寫法形近「△」，而「乙」之筆鋒不
　　　顯，故此處及本卷以下，均照「△」移錄。

〔17〕時，上文重複段作「时」。

〔18〕與，上文重複段作「与」。

〔19〕則，上文重複段作「则」。

〔20〕覺，上文重複段作「觉」。

〔21〕爲，上文重複段作「为」。

〔22〕暫，上文重複段作「暂」。

〔23〕膓，上文重複段作「膓」。

〔24〕托，當爲「托」。原抄本自此段始，至本卷末，「托口」之「托」多訛爲
　　　「托」。爲簡潔故，訛誤處徑以「托」移錄，不一一出校，而知其實爲「托」
　　　也。

〔25〕時，上文重複段作「时」。

〔26〕辦，上文重複段作「办」。

〔27〕應，上文重複段作「应」。

〔28〕布，上文重複段作「佈」。

〔29〕＝＝，上文重複段無此。

十五、致宋公（四）

梅花香裡，連達数械，谅登雅照〔1〕。迩稔老先生福与時嘉，木隨春茂爲慶。更知嬝娜佳人，必日繞于青山绿〔綠〕水之旁；而風流學士，公餘之下，凭欄跳〔2〕望，自必品題〔3〕〔題〕殆盡矣。△羈跡苗疆，孤棲萬状，囬〔4〕綵榮執手共看花燈之樂，徒令夢想神馳，邈不可得。朗江〔5〕为埜南華美之區，花燈素盛，不識賞鑑之下，可有如三姐兒之一雙〔雙〕秋波否？頃兩接手書，俻〔備〕悉一切。△因鈕公已回，仍在苗疆辦事，承谕條欵，當轉致鈕公照辦。至托河设立木柵，早開晚锁之舉，不但河道不小，難以设立，即或可做，断不可行。盖立一法，必增一獘也。又，叚木多號少買，現在遵行。至情願送木而不與價一端，愚意亦爲不可。盖叚木究非架、槁可比，若不籹價，轉被若輩藉词。故△前在圯口所號石姓叚木六根，議至再〔6〕，只買兩根，而客情愿送一，不肯卖二。簰巡等亦未嘗不聳△允受。奈△堅执不依，到後仍買二根。迨△至苗，访悉都公〔7〕之孫友，竞〔8〕以受人一叚，後被主家崔姓赴黔具控，反去重價，且覺沒趣。可見人言未可盡信，必自衡之而始可行也。率此＝＝〔云云〕。

【校箋】

〔1〕雅照：請人體察、察閱的恭敬說法。照，察。參見李澤平：《實用書信大全》，第 321 頁。

〔2〕跳，當爲「眺」。

〔3〕品題：玩賞；觀賞。

〔4〕囬，其後疑脫字。

〔5〕朗江：即「朗溪」，源出貴州錦屏縣湖耳山東北，北流至貴州黔陽入沅水。指朗州之江。朗州，隋置，治武陵，在今湖南常德。參見郁賢皓主編：《李白大辭典》，南寧：廣西教育出版社 1995 年版，第 291 頁；余嘉華主編：《錢南園詩文集校注》，昆明：雲南民族出版社 2007 年版，第 145 頁。

〔6〕再，其後疑脫字。卷四之二十〈致居停（二十）〉：「議至再三。」

〔7〕都公：查乾隆四十二年湖南常德府同知爲「都世喜」，「都公」或指其人。

參見嘉慶《常德府志》卷二十二〈職官表一〉。

〔8〕竞，當爲「竟」。

十六、致吴〔吳〕公（一）

頃接翰教，深承垂注，感甚＝＝〔感甚〕。際此春光明媚，遙稔老先生福隨時泰，日與二、三桃李，一□〔1〕一粲，至足樂也。如△之羈跡山陬〔2〕，日与苗人論長短、較錙銖者，真不啻仙凡之別。翹企高軒，曷勝〔3〕神往，临〔臨〕風拜復，並俟文祉＝＝〔云云〕。

【校箋】

〔1〕□，原抄本該字不清。

〔2〕山陬：山之角落，指山區偏僻所在。

〔3〕曷勝：何勝；不勝。

十七、致居停（七）

十二日，喜祥賚到鈞諭，當即裁覆〔1〕。十八日，又接手教，敬悉一切，并知大哥大人以弟婦抱病，竟專人前往探望。又蒙厚賜銀物，此恩此德，固不敢作客语相謝，惟有永矢愚直，以期稍报鸿〔鴻〕慈〔2〕扵萬一耳。△于十九日移至毛坪，观〔觀〕看主家之刁悪，果不虚傳。盖緣前次賈、莫二公，值此当岗，诸事含糊懦弱。甚至客、苗吵到公館，竟使人閉門，而不敢与之一較。所以养成野性，目無法纪。今扵廿四，竪旗请客，已在四頂歪頭巾〔3〕并各主家前，将吾哥威嚴聲勢宣洩張揚，復自己谬抬身價，使知畏惧，或不敢藐視也。廿六〔4〕午後，有临江客陈若千者，竟無端在于河岸直對劉榮、巡役等，大粲狂言。因询知過饮黃湯〔5〕，當未与较。次早，傳其主家问明情由，即做一移稿，欵送府查究。將稿给與庠生观看，渠随傳谕，該客自知悔罪，邀〔邀〕请临江衆客，登門叩求，始行寬释〔釋〕，此实凭空所嗬之啞〔啞〕氣也。至吾哥以鈕公不勝勞瘁〔6〕，欵便调換，讵此间之勞，倍勝圮口。盖彼處〔處〕尤可坐船斧木，此间湏動步履。且公館

至看木虒，徍返甚遠，蕪係嶙峋怪石，殊難行走，若俟鈕公到來，則更使其勞。據弟之見，不如各仍其舊耳。肅此布達，並俟升〔陞〕祺＝＝〔云云〕。

【校箋】

〔1〕裁覆：書信用語，猶言斟酌答覆。

〔2〕鴻慈：猶大恩。

〔3〕歪頭巾：頭巾爲明清讀書人所戴之儒巾，或指在地生員儒生等。歪頭巾，被認爲「可能是暗諷他們的監生身分，是通過捐納而非科舉正途獲得」。參見高笑紅：〈清前期清水江流域的木材流通與地方社會研究——以《採運皇木案牘》爲中心的研究〉，上海：復旦大學歷史系 2014 年碩士學位論文，第 50 頁。

〔4〕六，原抄本此字不清，或爲「二」。據文意，錄爲「六」。

〔5〕黃湯：即指酒。

〔6〕勞瘁：辛苦勞累。

十八、致宋公（五）

十三日，寸函〔1〕奉達，並賀新禧。頃接翰教，俯承垂注情深。并知主人以賤內抱恙，竟耑人赴凤〔鳳〕探望，又承賜寄銀物。雖施者無倦，而受者有愧，正不知將何以圖報也。莫大搜〔2〕前乞先爲致謝，容差竣面叩耳。昨接小兒来禀，知其母業已稍愈，或可免鼓盆之痛〔3〕。然其心胷〔胸〕太窄，遇事生愁，致多疾病。現在每食必嘔，肌膚漸瘦，恐非我之長久夫妻也。想先生名齋扁鵲，如有药〔藥〕婦人之愁者，敢乞恩賜一方，則□〔4〕德無既矣。△于十九移至毛坪，此間情形，已俯述主人札中，不贅。至令親所要梠木，細加访詢，僉稱十数年來，從無八丈餘長之大木。即或有出，亦非四百餘金不可。據此看來，竟難購買。若以現辦梠式可用，則前買兩梠之客尙有一根，因頭上湾曲〔5〕，稍徑畧〔略〕小，故未與買。然做船梠，則湾虒〔6〕正埋在船倉之下，亦屬無妨。現在尙無買主，俟客贾就落即斧记，即當布聞，以

便尊處買之。如令親不用，亦可另卖耳。近观徽、临兩帮所買之木，均將大頭削光，根＝〔根〕紮緊，以省關稅。而山客之木，皆不脩〔修〕飾，亦不論大小、湾曲，一概買之。如過關時以此试〔試〕驗，即可杜山客冒充徽、临之獎耳。再，弟在卦治曾與徽姓徃来，询知所斧架、槁到南京粜賣，無論木之大小、價之高下，總不過三貫二三，要比客家所卖明少兩、三貫頭。皆以各行家勾通把持，牢不可破。及询其自帶私物，又如何出稅？據云，我輩所帶，仍照客家一樣。擴弟之見，尊處斧木時，祈即甾心，將圍圓署大而長標者〔7〕另放一處，以便揪簰〔8〕時捻歸一簰，另加斧记，以作尊駕私物〔9〕出稅，豈不勝爲公貨耶？既闻漢口亦可貨售〔10〕，祈將弟處粜来叚木，擇其大者，亦另扎一簰，放在大簰浮面。若到漢口得價，侭可出稅，又何必堕牙儈之奸计也。總祈高才访明酌辦是禱。

【校箋】

〔1〕寸亩：謙辭，簡短的書信。

〔2〕搜，疑訛，「搜」當爲「嫂」。

〔3〕鼓盆之痛：典出《莊子·至樂》，即喪妻之痛。

〔4〕□，原抄本該字不清。

〔5〕湾曲，即「彎曲」。本篇下文「亦不論大小、湾曲」，亦復如是。

〔6〕湾處，即「彎處」。

〔7〕長標者：指「長大標緻」者，本卷之十四〈致居停（六）〉：「長大標緻。」

〔8〕揪簰：即編紮木排。參見湖南省會同縣林業局編：《躍進中的會同林業》（第2輯），懷化：湖南省會同縣林業局1958年版，第64～65頁。

〔9〕物，原抄本寫「私出」二字相連，「物」字乃在二字之右旁另加，據之改。

〔10〕貨售，似有顛倒，或應爲「售貨」。

十九、復鈕公（四）

十八日接诵手教，敬悉一切。迩想〔1〕文駕〔2〕谅已抵圫，寶眷自必偕来客邸，家庭诸多休暢爲慶。弟扵十九始移毛坪，此间主家之刁，

倍于卦治。皆因前辦各官,养成野性,目無法纪,将来諸事,恐不免掣肘。再,居停歆请駕来苗,緣知先生有恙,恐不勝勞,並無他意。讵此间之勞,更勝扵坭。盖彼處尤可坐船斧木,此處動需步履,而路又崎〔崎〕嶇,且寓所甚小,寶眷亦難同来。是歆先生稍逸,而反使益勞。不特非居停所願,即弟亦所不願也。現已致札居停,仍循其舊,倘扵临時果有難辦之事,再请老将親临,亦未爲遲。再,此间讓出不合叚木,經客買下托口,即不號買,向来俱係寫一不合字樣爲憑。窃恐簰頭以此賣放,并客人自號不合,混過坭口,難以稽查。今擬係讓出之木,除折不合之外,加给小票一纸,赴坭驗放,亦杜獒之法也。祈尊處驗明,即将小票扣銷,勿当爲他人拾去,是所禱切。肅此奉復〔3〕。

【校箋】

〔1〕迩想:即言「近來想」,多用於恭維語的開頭。參見葉帆編著:《中華書信語辭典》,第 207 頁。

〔2〕文駕:有紋彩的車,代指乘車的人,用作對人的敬稱。參見霍松林主編:《中國古典小說六大名著鑑賞辭典》,第 336 頁。

〔3〕奉復:敬覆,答覆。

二十、致錦屏縣王捕公〔1〕

梓里名賢,久深欽仰。前晤都公之友〔2〕,更嘉老先生古道無雙〔雙〕,鄉谊篤挚〔摯〕,盖令人企慕维殷耳。際此春光明媚,遙稔政履交崇,福隨時泰为慶。弟以菲才,依人鹿=〔鹿〕。茲因居停奉辦木差,来苗採辦,已扵十九日至毛坪。惟近来大木甚少,辦理殊難。且此间主家之刁,倍于三崗。弟又初歴其事,諸多未谙〔諳〕。将来一切,统望垂照,不致有悮公事,則感荷雲情無既矣。外具土物六種,聊以伴函,惟祈哂纳〔3〕,並俟升祺,临頴〔4〕〔穎〕神徃。

【校箋】

〔1〕錦屏縣王捕公：查光緒《黎平府志》卷六上〈秩官志〉：「錦屏典史，王正學，浙江人。」據載，乾隆三十九年起，王正學任錦屏典史（下一任記載之錦屏典史為乾隆五十八年）。典史有緝捕之責，即前文之「捕廳」。故錦屏縣王捕公，應即指時任錦屏典史王正學。

〔2〕前晤都公之友：本卷之十五〈致宋公（四）〉：「迨△至苗，访悉都公之孫友。」

〔3〕哂纳：笑納。

〔4〕临潁：猶臨筆，書信用語。

二十一、致沅陵縣周公

歲前接奉翰教，俗承垂注情深，捧诵〔1〕之餘，銘感無既。際此春和景麗，遙稔老先生福履休嘉〔2〕，鴻猷並懋〔3〕。近接敝東来札，俗述大憲器重之至，將見循良報最〔4〕，五馬槐堂〔5〕在指顧〔6〕間耳，可勝額慶。△現在黔省黎平地方採辦，惟日與苗人较錙銖、論長短，毫無善狀〔7〕可為長者告也。所買桄、叚二十餘根。茲春水將漲，木植漸多，急湏俗價以待。前蒙金诺〔諾〕之項，務懇设湊，以便敝東親诣〔詣〕面領，是所禱切。肅此布達＝＝〔云云〕。

【校箋】

〔1〕捧诵：用手捧著誦讀，表示對來信人的尊重，乃書信開頭使用的接信語。參見陳文清主編：《文秘詞典》，第358頁。

〔2〕休嘉：美好嘉祥。

〔3〕鴻猷並懋：鴻猷，鴻業；大業。懋，通「茂」，盛大。

〔4〕循良報最：循良，奉公守法。報最，猶舉最。長官考察下屬時，將政績最優者列名上報，稱為「報最」。

〔5〕五馬槐堂：五馬，為太守之代稱，指高官厚爵。槐堂，即「三槐堂」。蘇軾有〈三槐堂銘〉，泛指高官之第宅。

〔6〕指顧：即「手指目顧」，一指一瞥之間，形容時間的短暫、迅速。

〔7〕善狀：好的事蹟。

二十二、致居停（八）

十三、廿五兩函奉達。頃接手諭，知吾哥于十九親赴靖州買桅，如果買得十餘根，則公項可無慮矣。屈計望後即可由圯來苗，藉該一切不勝顒望〔1〕。近日只買段木兩根，並無桅木。都勻開山之信雖確，而此去有險路十餘站，非通曉苗話、熟悉苗情者，不能前去。我們巡役均係生手，即去亦屬無益。據弟愚見，且俟槳水後，看他來與不來，再作計較耳。鈕公去臘、今正所來之銀，弟並未收到，亦未接其信。前弟帶來之銀，已給鈕公八十金。喜祥帶來之銀，已著譚升徃取。如果一槳槳來，自當立賬，斷不致舛錯耳。鈕公之銀或存圯口，亦未可乞。吾哥到圯時，可与面爲清楚是禱。

【校箋】

〔1〕顒望：盼望；等待。

二十三、致鈕公（五）

頃接手教〔1〕，知文駕于廿日起程，諒早已抵圯。此間大概，已偹述前函。段木除槳圯之外，僅得兩根，桅木並無到者。都勻開山之信頗確，緣此去險路甚遠，故未耑人徃探。大約三、四月始能出來。今居停已赴靖州，如果買得十餘根，則公項已無慮矣。近來木價昂貴之至，承囑二尺七、八寸并三尺者，牽〔牵〕扯〔2〕非三貫五六不可。看來尊駕之貨，只好俟五、六月間，木價稍平再買。若以此時之價，恐賈赴南京，亦無甚利耳。再，居停來札云，去臘除尊駕親帶銀二百之外，又帶銀五百，今正又帶銀三百，囑弟查收立賬。弟因未奉擲〔擲〕交〔3〕，業已札復。或先生尙在圯口，亦未可乞。然弟總以收到爲憑，故爾據實札覆。昨已有字給简姓，將喜祥帶來四百兩交小价〔4〕帶囘。若尊駕帶有元丝，并槳一、二百來是禱。

【校箋】

〔1〕手教：即手書，對來信的敬稱。

〔2〕牽扯：拉平、平均。

〔3〕擲交：請人交付之謙辭。參見葉帆編著：《中華書信語辭典》，第 1074～
1075 頁。

〔4〕小价：亦作「小介」，僕人，爲對己僕之謙稱。

二十四、致錦屏王公

　　役旋，接奉翰教，深荷谦〔謙〕光〔1〕逾格〔2〕，廻環盥诵〔3〕，慚
感〔4〕交集。頃承鈞示〔5〕下頒，具見關注周详，使客民觸目警心，知
所畏懼，不敢阻撓公事，皆賴明德耳。再，此间窃賊甚多，俱能飛簷走
壁，附近舖民间有被窃。而昨晚竟至敝寓，将门窗〔窗〕板用火燒斷，
入室窃去衣褲鞋袜等物。幸当時知覺追逐，始免大害。因思所帶國帑，
倘有疏虞，所關匪细。老先生既奉委協辦，自必休戚相關，用敢〔6〕瀆
陳〔7〕，務懇嚴示该保長，實力稽查，勿使窩藏貽害。或稟貴府尊飭差
逐拏，以免後患，則不獨弟屬叨光，舖民亦無不沾恩矣。藉便布達，並
俟升祺，敬繳谦束〔8〕＝＝〔云云〕。

【校箋】

〔1〕谦光：《周易·謙》：「謙尊而光。」孔穎達疏：「尊者有謙而更光明盛大。」
後因以「謙光」指謙退或謙讓之風度。

〔2〕逾格：猶破格。

〔3〕盥诵：盥，澆水洗手。盥誦，即洗手捧讀。書信開頭的收信客套語，表示
敬重之意。參見范橋主編：《書信寫作鑑賞辭典》，北京：中國國際廣播出
版社 1991 年版，第 43 頁。

〔4〕慚感：謙詞。慚愧感激。

〔5〕鈞示：對上級帶有指示性質書信的尊稱。參見王雅軍編著：《實用委婉語詞
典》，第 215 頁。

〔6〕用敢：用，因、因此之意。敢，謙辭，表示冒昧地請求他人。此爲表示請
求對方辦理某事的用語。參見劉運國等主編：《公文大辭典》，第 391 頁。

〔7〕瀆陳：瀆，輕慢、冒昧。陳，陳述、述說。意即冒昧地向對方陳述意見，

煩瀆對方聽取。朱英貴編著：《謙辭敬辭辭典》，第 73 頁。

〔8〕謙柬：對自己書信的謙稱。參見李澤平：《實用書信大全》，第 342 頁。

二十五、致居停（九）

　　月之十七日，接元宵連槧鈞諭，敬悉一切。并知宋公已往靖州，但不知桅木買得幾根？弟闻此木現在結讼未清，價亦甚大，恐不能多得爲慮。如宋公已有確信，務即示知是祷。慈利杉樹究竟買成否？窃以此樹頂大不過三尺，既不能做桅，又不能做段。即使價賤，而往返盤費，以及僱夫砍伐，拖出水次，并扎筏運赴德山，在＝〔在〕需費。且以吾哥現有之使，均欠精明，委诸生手，而辦生事，勢必屬＝〔屬〕吃虧。諺云，「豆腐盤成肉價」，〔1〕不可不计。經營之道，全在通盤籌算，萬勿輕自舉行，以免後悔。且闻去歲南京木植得價，所以来客甚多。今年斧木自能倍勝上屆。又闻，向来簰到南京售卖，要比客價較少兩三貫頭。其中细獎，前于宋公札內俗陈。攄此看来，正不必多求小木，若未議妥，應请中止。然蠡窺〔2〕之見，莫測高深，是否有当，统乞卓裁〔3〕。桅木實係一家貨〔4〕，總緣價貴，難以出售。即如前次所買兩桅之客，尚有畧湾〔5〕小者数根，迄無受主，亦未嘗非價高難卖所致也。都匀之木，弟所以不敢遣人赴買者，緣闻彼屬路險人蛮〔蠻〕，诚恐苗子以此驚張〔6〕滋事；并計買就，除木價之外，盤攬〔7〕到此，每根非五、六十金不可。十年前之委員，亦以此间桅貴，親赴該屬砍買青山，大上其檔〔8〕。所以近来均買平水，不敢砍山。弟明知其獎，何敢故违。昨已密托此间龍庠生帶信上去，許以大價，誑其放来。如一到崗，斷難逃遁。若到四月间不来，再着人并倩此屬通曉苗话者同去購買，即使吃虧亦说不得，此時正不必急之。倘足額之外，再俗五、六根，亦不宜设法多買。如吾哥另有设措，資本充裕，總不如在此照平價多買些叚木前去爲妙。祈吾哥细加体访孰利孰鈍，再時访南京時價，卖得幾貫，隨時示知，以便遵辦。鈕公于初二日挈眷至托，將喜祥所帶紋銀槧来二百兩，渠所借之九七八鋤〔鏨〕子銀〔9〕

二百兩。據其来札云，措有撇銀八百，囑弟買木概因撇銀。奈此間向係用纹，未便遽行更張，致滋口實，只好凷与纹銀兼搭應用。吾哥厲務再設銀寄来接濟。天坛〔壇〕燈竿木自當凷意。弟所收銀兩，并買木清單，另具呈電〔10〕，肅此＝＝〔云云〕。

再啓者〔11〕。頃接祖公〔12〕来札，并将所寄吾哥札稿抄来，俻悉一切。其中應行應止之處，谅高明自有卓見，何勞鄙人瑣屑。然愚見所及，不得不爲吾兄陈之。

一、攄云，椇木段〔13〕宜多買，而不宜聽人所误。是係眞言，与弟所見相同。然椇木拎旯額外，如能以廉價多得，固屬妙事。否則亦不必设法購求，以致買價既昂，出售非易也。

一、攄云，買頭大尾小之木数千，挼在架、槁內售買。此論尚湏斟酌。盖南京贾木，揔在五尺上围〔圍〕量，〔14〕且以標長停匀〔15〕爲貴。若以虎頭蛇尾挼入，不但围量難以長價，抑将好木看低。又，據〔16〕「一貫五六即可买得」，此係数年前之時價也。現在時價不但較徃年倍貴，即照去臘在卦治之價，又增有三、四分，揔非四貫內外不可。現在胆小之客，竟挾资而去，別作經營。所以前札內，懇不時访询南京時價，以便通盤籌算。盖以吾哥現出，按月三分利銀，借作經營，更当细＝〔細〕計之。除去利銀，賺得幾分綵〔纔〕好。否則，又何苦代人碌＝〔碌〕也？據弟之見，與其自买小木出售，不如搭木分利爲妙。盖搭木總不論客人之折本賺錢，而我们之現艮〔銀〕已得，豈不妙哉？務与许糸〔參〕軍相商，廣揔搭客爲穩妥耳。

一、據云，桒〔桑〕植〔17〕現有木植可買，要與吾哥并弟夥買經營。弟已直捷〔18〕復之，吾兄亦應覆绝，萬勿合夥，并勿使渠親徃桒植，以此顧此失彼，将来不得藉口卸責。盖近觀鈕公爲己之谋〔謀〕多，爲公之谋少。前张〔張〕晉翁云，此公一入局內，便一味爲己，不可不慮。即如此論，已露意言表，務祈吾哥審之。若一合夥買成，此木盤攬出来，不知幾時。且不知此樹是公山是私山？倘隱藏奸计，必多阻撓。萬一公

事已完，而此木未齊，將等其同行乎？抑聽其另行乎？據弟之見，總不如託人聽其自買，照客商搭木成規附去。我们惟赶辦正額桅、段，拎德山、垞口兩關嚴查透漏，俾数歸出。拎八、九月內，及早開簰，在洞庭既免水淺之虞，而长〔長〕江又免粮船之阻。更趂〔趁〕敦撫軍〔19〕在楚，出一頭等考语前去。而到京之期又屆，早得三、五月，則引見時之荷　恩綸〔20〕，逾格越级而陞五馬黃堂〔21〕猶未兄，而爲之致頌也。若故意擔延〔22〕，以期多斧架、槁，并別籌利計，不但獲利甚微，正恐悞事甚大。孰得孰失，務祈詳察。總祈以遠大计之，切勿輕聽人言，以錙銖爲利，是所深禱而切祝者也。

　　一、攄云，借項八百兩，纹银六百，文丝弍百，已交弟虜纹银二百。然其寄弟之戾，實係九七平呈色。若以纹銀而論，每千要補水廿餘兩。弟已有札致彼，并擬將原銀甶出一㞢〔23〕，以爲日後償還之樣，此时亦不必与之计較。其来戾，據云係与吾哥市平一樣，其实亦小些。即此一端，亦殊欠公道也。所陈一切，是否可採，统乞卓裁之。

【校箋】

〔1〕豆腐盤成肉價：此諺語現今流傳仍廣，類似的如「稻草盤成豬肉價」。指成本太高導致商品價格虛高，尤其是因爲運費、人工等中間環節。參見胡慶華：《黃陂方言拾零》，武漢：武漢出版社 2015 年版，第 288 頁。另外，收有此諺語的有如潘自華編：《浠水方言詞彙》，浠水：浠水縣文化館 2003 年版，第 89 頁；王章豹編著：《桐城諺語集錦》，合肥：合肥工業大學出版社 2015 年版，第 246 頁。

〔2〕蠡窺：即「蠡測管窺」。

〔3〕卓裁：卓，高明。敬稱對方的裁斷。參見溫端政等編：《敬謙語小詞典》，北京：語文出版社 2002 年版，第 295 頁。

〔4〕一家貨：指獨家的或同樣的貨物。

〔5〕湾，當爲「彎」。

〔6〕驚張：驚異張皇。

〔7〕攬，原抄本此字之右部寫作「竟」。○盤攬：盤纏攬計，即開支花費。又猶

言應付，對付。參見霍松林主編：《中國古典小說六大名著鑑賞辭典》，第281頁。

〔8〕大上其檔，即「大上其當」。

〔9〕鐷子銀：鐷，本爲燒鹽用的敞口鍋。光緒《大清會典事例》卷二百二十三〈鹽法〉：「添置鹽鐷五十八口。」鐷又作「撇」，下文亦作「撇」。湖廣、江西流行有「撇銀」，見《清朝文獻通考》卷十六〈錢幣考〉：「今民間所有，自各項紋銀之外，如江南、浙江有元絲等銀，湖廣、江西有鹽撇等銀。」另外，參見葉世昌、潘連貴：《中國古代金融史》，上海：復旦大學出版社2001年版，第120頁。

〔10〕電：請人亮察的敬辭，有明照之意。

〔11〕再啓者：前信結束，仍有話要陳述，再續一信。參見范橋主編：《書信寫作鑑賞辭典》，第11、13頁。

〔12〕祖公：本指祖父，明代稱地方官爲「祖公」。梁章鉅《稱謂錄》卷十二〈通判〉：「明時稱地方官曰『祖公』，即今『公祖』之稱所由昉矣。」又，「祖」字與「鈕」字，字形相近，且上下文本均談及「鈕公」，此處字跡不清，或應爲「鈕公」。存以備考。

〔13〕桅木叚，亦見卷一之十〈採買桅、叚木植〉：「如南京、江西所處桅木叚，竟可另將木植補算。」

〔14〕盖南京买木，捴在五尺上围量：卷一之十〈採買桅、叚木植〉：「南京灘上賣木，……其價值係用灘尺扵五尺上圍量。」

〔15〕停勻：均勻；勻稱。如《清實錄·宣宗成皇帝實錄》卷三十五〈道光二年五月上癸未〉：「降旨交晉昌派員，於不礙風水之邊門以外，擇其木性堅實、長徑停勻，比所開原柱尺寸較爲寬大者，趕緊採辦。」又見卷四之十七〈致居停（十九）〉：「此木長直停勻。」

〔16〕據，其後疑有脫字，或當作「據云」、「據稱」等。

〔17〕桒植：在今湖南張家界市西北，澧水上游。清置桑植縣。

〔18〕直捷：徑直。

〔19〕敦撫軍：應指前文提及之時任湖南巡撫覺羅敦福。本卷之二〈致居停（二）〉：「羅文松赴府具控时，才公曰撫軍將到，诚恐上控未便，始將羅文松呈词接收，押回縣城集讯。」

〔20〕恩綸：猶恩詔。

〔21〕黃堂：清代知府之別稱。黃堂爲古太守之廳堂，以知府相類比，故名。參
見呂宗力主編：《中國歷代官制大辭典》，第734頁。

〔22〕擔延：耽擱拖延。

〔23〕乇，或即「錠」。

二十六、致鈕公（六）

役旋〔1〕，接读〔讀〕翰教，并承惠賜魚酒，感謝靡既〔2〕。弟處牛
角尖頭，毫無回敬爲歉。纹銀、撇子各二百兩，均已收明。此间買木
均用纹銀，惟賈公之少君，在此曾使撇子、元丝。然以此而滋许多口
實，又扵價內格外明增，算来不若仍用纹銀爲省事，而又名正言順也。
今承寄撇艮，其色较現在徽客所用者尚低一分，木販坚〔堅〕不肯買，
只好凷与纹艮搀搭應用。若必盡使撇子，恐以此滋事，轉多未便。據
愚見，尊項不如附与居停在德山褂用，易取纹艮带苗爲要。黃簹放簰，
诚有未妥。此時春水将姕，更湏穩固。祈即酌用繫水雙犁，萬勿惜小
費而悮大事也。獨塊壽枋，現在並無。俟有出来，当凷意报命〔3〕。然
每付究竟出得多少價錢，祈示知，以便酌辦。頃又接手書，并阅寄居
停札稿，俻悉一切。見先生計慮周详，籌算無遺粟。桄、叚之利，实
勝小木，弟已俻細〔4〕致札居停矣。枲邑之木，如果有本，得与先生夥
買經營，原屬美事。奈弟赤手空拳，毫無所蓄，爲能作此大賈。至居
停之能否合夥，彼自有意見，弟亦未便耸其行止。惟慈利之木，已切
致勿買，恐其上档耳＝〔耳〕。

【校箋】

〔1〕役旋，原抄本「役」字不確，據本卷之二十四〈致錦屏王公〉：「役旋」，及
卷四之十六〈致鈕公（十三）〉：「役至」，錄爲「役」。

〔2〕靡既：沒有窮盡。

〔3〕报命：猶覆命。奉命辦事完畢，回來報告。書信中之謙辭。

〔4〕俻細：詳細情況；詳盡。

二十七、致宋公（六）

前接翰教，知福祉清勝〔1〕，并悉楚秀歟仍至朗江。主人已许自新，尊駕可圖续舊，深爲称慶。頃接主人来札，又知文轩〔軒〕〔2〕已赴靖州買桅，谅事竣後必由水至托。不識桅木買就幾根？去價若干？统望示知。如可偷空，祈来苗一走，以叙離思，并陈一切。幸勿急扵观梅而懶扵望蘭也＝＝〔云云〕。

【校箋】

〔1〕清勝：對人問候之敬辭。

〔2〕文轩：華美的車子。

二十八、致居停（十）

頃接鈕公来札，知宋公已買桅木十二根，共去实價四百餘金。較苗內毛價合算，每根四十有零。雖價艮畧貴，然靖木比苗木本好，今年木價又昂，較之客買亦總便宜。既公項已有大半，可以放心爲慶慀〔慰〕〔1〕耳。十一日肅達一函，已俻承近事，不復多贅。惟急湏设法紋艮带来接濟，以免遲悮。并懇吾哥将苗內實在用艮若干，務酌量示知，以便遵辦。此间枋料獨塊者甚少，且木質甚鬆，每付湏價三、四十金。惟二、三尺围圓之短筒連頭带尾者，有十一筒，即够一付枋料，每付不過十金內外。府署張、姚二公如要，便中祈询明，带艮上来代辦可耳。

【校箋】

〔1〕慶慀：慶賀慰問。

二十九、致宋公（七）

昨擬文轩必由托回常，是以肅函〔1〕请駕来苗，藉叙濶悰，并聆架教爲望。乃頃接鈕公来札，知先生仍由洪江而回，不勝悵＝〔悵〕。并悉已買桅木十二根，則公項可無慮矣。使弟寬心購辦，不致久稽苗

地，皆賴鼎力之所致也。又聞尊手偶患瘋氣〔2〕，諒係舟中潮濕所使，甚爲繫念。然目下可人已到，想握手之下，自必早醫了九分快矣。呵＝〔呵〕。率此＝＝〔云云〕。

【校箋】

〔1〕肅函：恭敬地上書。致函尊長者時之用語。

〔2〕瘋氣：即指關節炎。據稱，舉凡關節炎、痛風等各類不明原因所致之身體疼痛、痲痺、痙攣等，統稱呼爲「瘋氣」，亦作「風氣」。參見曹穎甫著、姜佐景編按：《經方實驗錄》，季之愷、林晶點校，北京：中國中醫藥出版社 2012 年版，第 154 頁。

三十、致鈕公（七）

十一日肅函奉復，諒邀青照。頃接手示，敬悉一切。并知宋公已回，其所買桅木價艮，較苗內似覺稍貴。然只好木，則公項可無慮矣。弟屬遇有桅、段，自当係買，斷不放鬆。惟靖州買價，切勿实告圩口客人等，恐傳说到此，將来難以購辦。并向简姓说知，即簰巡莠亦祈谆囑爲要。居停處已切札〔1〕取銀接濟，但恐一時措手不及，懇將尊項撤銀不必寄常，以便隨時取来搭用。盖昨已与各主家说明，帑項無多，必湏那銀賠〔賠〕墊〔墊〕〔2〕，其色只好畧差些。伊莠亦情願代爲帮使，然只可無搭應用。茲喜祥带来纹艮，萬勿再易撤子是禱。

【校箋】

〔1〕切札：猶「嚴切札飭」或「嚴切札催」等。

〔2〕賠墊：即賠貼墊補。

三十一、致居停（十一）

十一、十四兩函奉達，附呈管見〔1〕，未知有當否？茲春水將裝，木簰漸多。聞大木亦不過三月內即廣。弟恐纹艮不能接濟，昨已懇庠生们向各主家再三说明，帑項無多，必湏挪艮賠墊，其色只好差些。

而各主家亦情願代爲帮使。現又札致鈕公，将撇艮不必寄常，存在托口，便中带苗應用矣。兹又買有頂大叚木一根，围圓四尺四寸，長六丈餘，去毛艮三兩六錢，实屬便宜。今已札致宋公，俟簰到桃〔2〕，出与前买大叚另放。再，苗內放簰赴圫，向係每招一兩。今已包与楊姓，每招七錢五分。桅八根、叚十六根爲一招。陸续交其搭入客簰附圫，按根計價，既省工艮，又免水漲疎〔疏〕失，似乎兩便。率此＝＝〔云云〕。〔3〕

【校箋】

〔1〕管見：文書用語。下級向上司陳述意見，文內往往謙稱所述爲「敬呈管見」等。參見李鵬年等編著：《清代六部成語詞典》，第84頁。

〔2〕桃：應指桃源縣。卷二之四〈移常德府（一）〉：「轉餝武、桃兩縣出示曉諭各處木行、商販人等一体恪遵憲檄。」

〔3〕「疎失」及以下，原抄本中本頁僅有「疎失似乎兩便率此＝＝」一句，餘下頁面均空白無字。而下一頁之字跡，如前已說明，迥異於以上自本卷之十四〈致居停（六）〉「所谓」段始之字跡。

卷 四

一、致居停（十二）

　　十七日一函奉達，諒未收到。茲又買得叚木六根，另单呈電。十八日有桅木一根，係臨客吳文運從上游買来。弟即徃看，圍長尽合，奈皮色已黑，[1] 而頭上畧空，稍尾又朽。弟用手剥看，即層＝〔層〕脱落，故不敢与買。又闻德山客之所買靖木，亦与此木相仿，正不知確否。若靖木已到，務祈看過实有幾根用得，祈示知。闻滇省又有動兵之信，[2] 如果確实，則沅陵係兵行之地，必多賠累 [3]。其所 [4] 允之项，務早为向取，到手綜安。再，近年客人多不肯附搭例簿，皆缘前官賠累過甚，使人害怕也。今湏預致許公明白晓之，廣招搭客，庶于公事有益。弟現在亦与大本徽客们渐＝〔渐〕挑揽〔攬〕。倘搭得幾人，即賺得数百金，以帮關稅。若無搭客，則除買木并紮簰簹纜之外，尚湏預備千餘，为水脚、關稅之用。祈吾哥大人通盤筹〔籌〕算，有盈無缺，勿致臨期周章 [5] 是祷。

【校箋】

〔1〕奈皮色已黑：木材若在清水中浸泡日久，皮色則轉褐黑而失去賣相。參見俞渭源：〈木業探源及其它〉，載《常州文史資料》（第十輯），常州：中國人民政治協商會議江蘇省常州市委員會文史研究委員會 1992 年版，

第 155～156 頁。

〔2〕闻滇省又有動兵之信：案，查清乾隆四十年前後貴州省大事記，乾隆三十六年、三十七年、三十八年（1771 年～1773 年），均有調貴州兵入川征金川記錄。其後至乾隆四十六年，「銅仁府屬勾布、涼水一帶苗民起事遭官兵鎮壓」，餘無記載之戰事。參見彭鋼等編：《貴州省志·大事記》（元明清），貴陽：貴州人民出版社 2007 年版，第 186～188 頁；貴州省地方志編纂委員會編：《貴州省志·軍事志》，貴陽：貴州人民出版社 1995 年版，第 573 頁。

〔3〕賠累：指折損錢財之虧累。

〔4〕「其所」後，原抄本寫有字，而似未寫成即被圈去。

〔5〕周章：指驚恐；惶遽。又指辦理、周旋。

二、致鈕公（八）

　　顷接手示，敬悉一切。銀、物均已照数收明。撇艮可用之處，昨已耑札奉闻〔1〕，祈不必附常，乘便帶苗可也。歸艮倘有浮言〔2〕，弟当擔承，照色代剳，斷不使先生独自受虧。盖居停为人爽直明白，而人之臭否，言之公正，頗能辨别。弟与交好三年，彼此推心，知無不言，＝〔言〕無不尽。承其待如手足，初不以拂意〔3〕之语，疎冷拎我，故弟之所以嘔心代筹，不避嫌怨，亦〔4〕由渠之知我也。否則不但不能尽心代办，且亦不能容我办事矣。諒慧心人自能默喻其详，萬勿另起疑慮也。沅陵之項，诚如尊谕，到手綗可算得。昨已札致居停，赶早向取。然观濂溪公〔5〕頗有肝膽，即使差繁，亦不致令全行脱空〔6〕也。

【校箋】

〔1〕奉闻：敬辭。告知。

〔2〕浮言：無根據的話。顏元《存學編》卷一〈由道〉：「浮言之禍，甚於焚坑。」

〔3〕拂意：不如意；違背他人意願。

〔4〕亦，原抄本此字似有塗改，或被劃去，據文意添。

〔5〕濂溪公：一般指宋周敦頤，字茂叔，晚年定居廬山蓮花峰下，以家鄉營
　　道之水名「濂溪」命名堂前小溪及書堂，故稱「濂溪先生」。參見龐樸主
　　編：《中國儒學》（第二卷），上海：東方出版中心 1997 年版，第 123 頁。
　　案，卷三之一〈致居停（一）〉有「周公」（「周公處初以奏銷为慮」），且言
　　「現此公颇有肝膽」，與本篇之「然观濂溪公頗有肝膽」相互呼應。卷三之
　　二十一〈致沅陵縣周公〉受文者即「沅陵縣周公」。又，本篇前文提及「沅
　　陵之項」。故而，此處之「濂溪公」，應即指前文之「沅陵縣周公」。

〔6〕脱空：猶落空。

三、致居停（十三）

連達数函，谅經青照。顷闻　皇太后昇天憂诏〔詔〕，〔1〕谅已颁
〔頒〕到。其中有緊要而应遵行者，祈飭房照抄一纸寄来为祷〔2〕。弟
记得官常〔3〕所使，悉用素纸〔4〕，故今以素纸修札也。廿二日，黎平
府吴太尊〔5〕囙公到此，弟与晤谈〔談〕半夜。緣渠与家兄同寅〔6〕相
好，叙及兴〔興〕谊，深承垂愛。弟已将办木情獎，備细告知。承其
扵次早传集士民，嚴加吩咐。現在各主家益知畏惧，诸事顺手，祈毋
厪〔廑〕念〔7〕。惟春水未发，大木尚少。廿二日所买两段，已在宋公
札内附单报明。廿三至廿九，共买八段，另单呈電。再，闻尊處已乞
包頭戴宗鲁〔魯〕。據鈕公说，此人欠妥。盖前贾公即用其人，大受其
累，祈吾哥大人尚湏酌奪〔8〕。捴之，包頭及打鼓老最闗最緊要〔9〕，必
择其家道殷实〔10〕，而又老成者为主〔11〕。再，奉办燈杆木三根，应将
奉到司牌裘叙〔12〕，牒明黎平府，懇其一體出示晓谕，以便採办。此佈。

【校箋】

〔1〕皇太后昇天憂诏：此事指乾隆四十二年正月二十三日（1777 年 3 月 2 日），
　　孝聖憲皇后去世。見《清實錄·高宗純皇帝實錄》卷一千二十五〈乾隆四
　　十二年丁酉正月〉：「庚寅，子刻，皇太后疾大漸，上至長春仙館問侍。丑
　　刻，崇慶慈宣康惠敦和裕壽純禧恭懿安祺寧豫皇太后崩。上哀痛號呼，擗
　　踊無數，摘冠纓，易素服，命備黃輿，恭奉大行皇太后還宮。」

〔2〕为祷：表達懇求的願望。參見王銘：《文種鉤沉》，第 668 頁。

〔3〕官常：猶官規，亦居官之職守。

〔4〕素紙：即白紙。參見吳士勳等主編：《宋元明清百部小說語詞大辭典》，第948頁。

〔5〕黎平府吳太尊：太尊，清代對知府和直隸州知州的尊稱。查光緒《黎平府志》卷六上〈秩官志〉：「三十八年，吳光廷，安徽廬江監生；三十九年，葉樹滋，江蘇長洲貢生。」按照此列表，其中「吳光廷」列在乾隆三十八年下，「葉樹滋」隨後列在乾隆三十九年下，似指「吳光廷」僅任一年黎平府知府。同據上表：「四十三年，錢受春，江蘇常熟人。」「錢受春」於乾隆四十三年繼任，似指「葉樹滋」任期爲乾隆三十九年至四十三年。

但查光緒《黎平府志》卷二下〈何公祠〉：「乾隆四十年，知府吳光廷詳請建祠，並建黎陽書院於左。」意即乾隆四十年時任黎平府知府仍爲「吳光廷」。再，查得乾隆四十四年《皇清奏議》卷六十三〈議增苗疆屯防疏〉（裴宗錫）：「於去冬巡閱營伍，涉歷下游，躬自體察，並復面諭護貴東道事、黎平府知府吳光廷。」此處「去冬」，即乾隆四十三年，「吳光廷」亦被稱爲「黎平府知府」。

另外，查道光《遵義府志》卷二十八〈職官二〉：「葉樹滋，〔乾隆〕四十二年署〔遵義縣知縣〕。」道光《大定府志》卷二十二〈職官譜第一〉：「葉樹滋，江蘇長洲人，貢生，乾隆四十三年八月十六日到〔大定府知府〕。」據「皇太后昇天憂詔」事，此篇撰成之時顯係乾隆四十二年。而據以上材料，時任黎平府知府當爲吳光廷，即所謂「黎平府吳太尊」。

〔6〕同寅：稱在同一處做官的人，猶同僚。

〔7〕厪念：指殷切關注。

〔8〕酌奪：斟酌決定。

〔9〕要，原抄本其字之右有「○」。

〔10〕实，原抄本其字之右有「○」。

〔11〕主，原抄本其字之右有「○」。

〔12〕裝叙：意即在公文書中套引上司看語或其他文書等。關於清代檔案文書的行款格式，參見倪道善編著：《明清檔案概論》，成都：四川大學出版社1990年版，第153～161頁。

四、致鈕公（九）

　　簿夫回，兩接手示，深悉先生肝膽照人，秉公處实昃为吾輩楷模，可勝佩服。承寄撇銀，已与識者據实估计，实止九八呈色〔1〕。若借主必作九＝〔九〕，則以六百通算，亦不過多銀六兩，似不必与之錙銖較量。只要生意好，在居停又何在拎些湏銀水，將来斷不致費唇舌。設有他議，弟当代賠，幸勿介怀是祷。前次所給吳〔吳〕文運之票，緣知其另有叚木，故于票內註明，讓出護木八根，及圍圓尺寸字樣〔2〕，原使其不能逃遁也〔3〕。尊處既查有合式叚木，自应仍然号买，方不致为若輩槩混。昨有陈霞顺买去叚木三根，給有小票。頃接简姓来字，该客有叚卅根，诚恐该客添改小票混過，亦未可㝎。揆之，弟處所發之票，拎数目中斷不添改。若有槩混，祈即查明号买。至拎客人共买木若干之處，弟處实難查點。惟先生嚴飭簿役，拎點木时黙记叚木若干。如与票內不符，亦即酌量号买。若係不合叚木者，只好放鬆一步，使無怨言，而弟處亦好办事。近日尚未發水，到木甚少，所号之木〔4〕，亦只好十根中〔5〕买其四、五根〔6〕。若佀号佀买，不但價錢難講，且恐闻風而惧，于公有碍。是以昨闻楊天佑寄信阻撓，随即據实奉闻，未知確否？此佈。

【校箋】

〔1〕九八呈色：卷三之二十五〈致居停（九）〉：「渠所借之九七八鐮子銀二百兩。」卷三之二十六〈致鈕公（六）〉：「今承寄撇艮，其色较现在徽客所用者尚低一分。」呈色，即「成色」。

〔2〕樣，原抄本其字之右有「○」。

〔3〕也，原抄本其字之右有「○」。

〔4〕木、亦，原抄本二字間之右有「○」。

〔5〕中，原抄本其字之右有「○」。

〔6〕根，原抄本其字之右有「○」。

五、致居停（十四）

　　廿九日一函奉達，谅邀青覽〔1〕。月餘以来，未〔2〕接手示，殊为遙念。便中務乞时惠南鍼〔3〕，以便遵循是祷。初一至初九，共买叚十三根，另单呈阅。惟初四晚，狂風大雨，氷雹交加，即陡〔4〕发洪水丈餘，河岸客簰漂失無数，我们所买叚木十八根亦尽行冲〔沖〕流。扵初五日早，即替同巡役沿河尋撈。幸叨福庇，已撈獲十五根。用錢取回两根，內一根峬在天柱縣地方，被刁吏抢〔5〕撈，硬不肯还。復逞强毆駡，情屬難容。已扵初七，備文移明天柱縣追究。曰縣尊公出，現委遠口司讯追，谅必照律追还〔6〕，以儆刁風。否则另当计議，决不輕放耳。近日水已渐消，大木必多。弟所取千两，除买木并在地方托口〔7〕买米发簰及一切零用，共去五百餘金。現存無多，吾哥急需寄銀接济。至鈕公之撇艮，已与再三说明，不必附常。及昨接来札云，已将撇艮三百，元丝八十，著喜祥赍阅，以估呈色，叧見財主行事，自是不同。再，托口簰巡，不論木植合式与否，一總亂号，藉端讹〔訛〕诈，使客怨恨非常。并有字来苗，通知各客阻买大木。弟曰客若不买，则苗販自绝，有碍公事，切致鈕公并简使放鬆一步，不可任听〔聽〕簰巡亂号。嗣接覆札，俯從所言。奈顷又闻有讹诈之事，且云，簰巡等故意将圍尺改短，所以将不合之木，亦尽行号买。弟思此獘不但诈客，抑且欺公。闻莫公之所以少段，即悞堕之術。盖若輩将大木賣放，小者买之，及到南京，認眞一圍，则尽不合式矣。現又據实致札托口。然簰巡均係熟手，難免通同舞獘，而简尊管诚实有餘，恐为若輩欺蒙。務祈吾哥嚴飭簰飭〔8〕，只作德山访闻，勿谓弟處通知，使知畏惧为祷。至弟處办事，即無獘竇，亦祈于德山客帮中细加體访，明以示知。此達。

【校箋】

〔1〕青覽：書信客套語。敬稱對方閱覽。

〔2〕「未」字，原抄本「未」字右上部疑有泥土漬。

〔3〕南鍼：亦作「南針」，即指南針，比喻正確的指導和準則。

〔4〕陡，原抄本其字左部有塗改。

〔5〕抢，原抄本其字寫近「抢」，應同「搶」。

〔6〕照律追还：當指前文已引之《大清律例》卷十四「得遺失物」條：「凡得遺失之物，限五日内送官」云云。

〔7〕口，原抄本該處寫有「米」字，被劃去，在其右上加「口」字，據之改。

〔8〕簰飭，疑訛，或當作「簰巡」。

六、致鈕公（十）

兩接翰教，備聆一切。楊天佑既立誓竝無阻撓，谅係別人假捏。然今又闻德山熊客有三尺一二圍圓木一根致到托，被簰巡号凿，揌不講價，故意拖延。迨其送錢八百文，竝送書办烟袋一根，始行釋放。且闻簰巡故意将圍尺改短，在托閫上下河岸，均号有不合之段，藉此讹诈。該客等播散怨言，未知確否，務乞嚴查追究，以儆将来为祷。短筒所出甚少，而争买者多，以致價錢日贵，并且難买。弟除买寄廿四段之外，未得一根，只好俟四、五月再买矣。独塊壽枋〔1〕竟無来此。初五大水，段木尽漂，幸俱捞獲，惟有一根漂在垒區地方，被刁吏史必達抢〔2〕撈，不肯退还，已扵初七備文移送矣。天柱縣委遠口司讯追矣。不識尊處架、槁可無碍否？一揌斧有若干架、槁，靖河有無槐、段出来？统望示知。

【校箋】

〔1〕枋，原抄本寫形近「坊」，應作「枋」，據文意改。

〔2〕抢，原抄本其字寫近「抢」，應同「搶」。

七、致居停（十五）

十六日奉達一函，備陈近事。顷接简尊管来字，知曰靖州槐客作難〔1〕，已同其赴常。但托口正当要緊之时，喜祥竝郭、劉二役已先後回常，今简尊纪又回，是托口僅鈕公独力支持。诚恐簰巡乘空舞獘，貽誤非小。本擬遣谭升前往帮代简尊管之毋，又恐鈕公見疑，故而中

止。祈吾哥大人速令简尊纪回托，并即赍艮来苗接济，萬勿稍遲为祷。桅木尚未买就，初一至十五，共买卅六根，已报明矣。十六至十八，又买十一根，另单呈阅。

【校箋】

〔1〕作難：阻撓；刁難。

八、致宋公（八）

雙魚〔1〕时達，青鳥〔2〕音稀，豈老先生公而忘私乎？抑迷扵梅花〔3〕而忘情朋友乎？殊令人猜疑之至。顷闻主人扵元宵後赴，不識曰何逗遛，刻下〔4〕曾否旋常，祈即示慰。弟前寄各札，谅經折阅。如主人未回，務祈轉致內东，速即遣人赍銀接济，是所祷切。桅木尚未买就，叚木渐多，大约五月內可以办齐。此佈。

【校箋】

〔1〕雙魚：指書信。

〔2〕青鳥：代稱信使。

〔3〕迷扵梅花：與「宋公」往來函件，多有與梅花相關者。卷三之十五〈致宋公（四）〉：「梅花香裡，連達数械，谅登雅照。」卷三之二十七〈致宋公（六）〉：「幸勿急扵观梅而懶扵望蘭也。」本卷之十〈復宋公（九）〉：「前疑梅花所迷，实屬妄猜。」本卷之二十一〈致宋公（十）〉：「但知梅花情薄，辜負栽培，竟致老先生掘出心中梅癖，直令人稱恨。」

〔4〕刻下：現在；目前。

九、致居停（十六）

十六、十八两函奉達，備述一切。顷接二月卅日奉发鈞谕，敬悉種＝〔種〕。慈利之木，甚屬便宜，核计现在南京时價，可獲四倍之利，則比买大木又更妙矣。弟處所买桅、叚百餘根，已陸续发托轉放，嗣後当随买即发。现又发水，而各主家內有抗违者，已略施威勢。今則诸事应手，大约六月初即可办竣回常。如德山包頭一亠，揪起大簰，

搣比前屆早得月餘。搭客現在攬有數人，已明白言之，彼亦願搭無疑，但湏临时始能㝎議，看来総不至脫空。谭升曰伊父病萬〔篤〕，告假回省。雖此處頗资其力，今未便拂其孝思，故聽其告埽也。〔1〕

【校箋】

〔1〕「告埽也」後，原抄本其下留空約有半頁。該頁背面爲「藥方」一份，收錄於以下〈附卷〉之中。

十、復宋公（九）

许久未接翰教，正在猜疑莫解。忽承手示下頒，始知老先生炱劳〔1〕備至。前疑梅花所迷，实屬妄猜，其咎難道〔2〕，容晤时请罪耳。靖州馮东翁，向稱酒徒，不通世事。而裴公之令弟前在郴州〔3〕，與弟相好，颇通世故，何亦若是之不情〔4〕也。此间俗语云：「吃了三日岩漿水，不成苗子也成苗。」〔5〕即尊札所谓「染成苗氣」也。

【校箋】

〔1〕炱劳：勞苦、辛苦。

〔2〕逬：避、逃。

〔3〕郴州：今湖南郴州市。

〔4〕不情：不近人情；不合情理。

〔5〕吃了三日岩漿水，不成苗子也成苗：岩漿水，指從石灰岩縫中滴落下來的水。嚴如熤《苗防備覽》：「苗人飲岩漿水，性寒，能解胎毒，無痘疹之患。」見羅康隆、張振興編著、楊庭碩審訂：《〈苗防備覽·風俗考〉研究》，貴陽：貴州人民出版社 2010 年版，第 135 頁。

這一俗語在貴州之流傳尚可查知，只不過略有所區別，如：

喝了三年岩漿水，不是苗來也似苗（貴州黔中地區流傳）；

喝了三年岩漿水，不變仡佬也變苗（苗族民間流傳）；

吃了三年岩漿水，不變侗家也變苗（貴州天柱縣侗族地區流傳）；

吃了幾年岩漿水，不是苗家是侗家（天柱縣民間諺語）；

　　吃了三年岩漿水，不變苗家也變侗（侗族地區流傳）；

　　以上依次參見張原：《在文明與鄉野之間：貴州屯堡禮俗生活與歷史感的人類學考察》，北京：民族出版社 2008 年版，第 61 頁；龔永輝：《民族意識調控說：民族識別與民族理論的文化自覺》，南寧：廣西民族出版社 1996 年版，第 257 頁；秦秀強：〈北部侗族文化涵化的過程和機制──天柱社區的個案研究〉及〈天柱縣民間諺語集錦〉，載天柱縣政協非物質文化遺產寶庫編纂委員會編：《天柱縣非物質文化遺產寶庫》，貴陽：貴州大學出版社 2009 年版，第 528、132 頁；張曉松：《符號與儀式：貴州山地文明圖典》（上），貴陽：貴州人民出版社 2006 年版，第 121 頁。

十一、復吳公（二）

　　弟學陋才疏，人復粗率，謬承靜翁畧分下交〔1〕，曰図报乏術，惟矢愚直以酬知遇。前次所陈一切，亦不過蠡窺之見，蕘蕘〔2〕之言，正恐無裨裨〔3〕公事，既塵清案，尚祈眞切教之，庶可学〔學〕步芳規〔4〕。乃顷承翰教，過蒙獎譽，捧诵之下，弥〔彌〕滋愧悪〔5〕耳。風便〔6〕拜復，順叩近祉。

【校箋】

〔1〕畧分下交：方玉潤《詩經原始》卷四：「非有好善樂道之君，畧分下交之臣，不肯親詣而往訪之，則雖有深謀碩畫，亦無由達。」

〔2〕蕘蕘：柴草。《文選》揚雄〈羽獵賦〉：「放雉兔，收置罘，麋鹿蕘蕘，與百姓共之。」《漢書》作「芻蕘」。參見費振剛、仇仲謙編：《漢賦辭典》，北京：北京大學出版社 2002 年版，第 654 頁。

〔3〕裨裨，原抄本前一字爲上面之末，後一字爲下面之始，且前字似有塗改，疑本刪去或衍。

〔4〕芳規：前賢之遺規。

〔5〕愧悪：慚愧。

〔6〕風便：因風之便，猶言便利、方便。

十二、致鈕公（十一）

頃接手示，敬悉一切。既承查明，並無改尺之獘，或係该客挾嫌妄诬，亦未可㝎。然簰巡荨以漏放之人進谗〔讒〕〔1〕，祈即飭令伊荨，查明苗內係何人漏放，所放何人之木，逐一指实说明，以便查究。至熊客所说，現據粟書具〔2〕稟，未尝無因，此亦伊荨不能避嫌，致惹物議耳。向来叚木過托，并無照票。弟曰欲除漏放之獘，故設给執照票为氹。讵该客荨近以尊處無論有票無票，仍俱掯㝎号买，竟以有票为無益，而竟不来領票者。現在尊處号㝎之木，乾泰〔泰〕四根，实係讓出之木，已给有照票。闻该客所买千餘木植尽被漂流，谅该客必由黔陽一帶尋木矣。其魏相裕荨九叚，或係被水冲去，不及領票，亦未可〔3〕㝎之。祈尊處访明，酌量放鬆。盖以客人既被水患，勢必情急，若再認眞，诚恐滋事，轉多未便。实以公事起見，竝非弟處賞放〔4〕叚木，而故为说情也。此後如有無照者，仍祈号买，以杜漏放。并懇飭令簰巡，將所過苗簰，实有合式叚若干根，该客是何斧记，并有照者票，囑令粟書一并登记一簿存㝎。仍随便開一艸单〔5〕帶来，以驗所過之多寡，即知漏放之有無。至弟處每日号過若干，买若干，讓若干，均有细賬可对，彼此互查，則更为嚴密。

【校箋】

〔1〕進谗：在尊長面前說別人壞話。

〔2〕具，原抄本該處寫有「荨」字，似被劃去，在其右寫「具」字，據之改。

〔3〕未可，原抄本作「可未」，其上加調換符號，示意二字顛倒，據之改。

〔4〕賞放，本篇之「竝非弟處賞放叚木」，本卷之十三〈致居停（十七）〉作「竝非弟之不肖，卖放叚木」。

〔5〕单，原抄本添寫在「艸帶」二字間之右，據之改。

十三、致居停（十七）

谭升回省，顺達一㕖，并囑其面稟前情，谅邀洞悉。頃接初十日来示，敬聆一切。靖桅既均合用，則公事易於办理为慰。此间現又发

水，俟消退後，叚木必多，自当加緊赶办。若公事一完，即弟罪滿之期，斷不肯任意就〔耽〕[1]延，而戀扵苗地耳。至前买之叚，均係向苗販零量抽买。如来一、二根者，則侭买之；四、五根者，讓其一、二。從無号過一、二十根，而抽买一、二者。其所讓之木，即另售客人。在客买後，亦有随時放托者，亦有泊在河岸，俟买齐一総放托者。向来成規，惟令簰巡写一不合字樣为憑。[2]弟诚恐簰巡或有蒙混，難以稽查。是以另立一法，将逐日所号某主家木植幾根，买過幾根，均登記一簿，令客[3]买成讓木後，赴闗領票，執赴托口驗放，通知鈕公照办。讵托口不論有票無票，一概号岀同买，使客嗟怨非常。甚至传信阻撓，并以有票亦屬無益，而竟不来領票者，诚所谓立法易而行法難也。迨弟疊次札致托口，分別号买，嚴查滋擾，怨言稍息。然月之初五，陡发洪水，簰漂流無失，均即沿河赶尋，就地放托，何能来闗領票？今闻托口又号岀十数根，此固認眞办事，然亦未免拘泥，不能权〔權〕衡事理。要知客商被水失木，心境多愁，而托闗又必欲認眞抽买，诚恐公怨起衅〔釁〕端，轉多未便。現又札致托口酌量放鬆，实以公事起見，竝非弟之不肖，卖放叚木，而故令托口放鬆也。承谕，「买過桅、叚，将原有若干、买過若干，註明照票，以便托口稽查，免致浮混」一莭，若係吾哥親見及此，則是駕未至苗，不識苗情之故；若係鈕公之見，則其昔年曾在苗兩月，似应熟悉，直故以難事而刁蹬〔4〕我也。況既有照票，如果扵数不符，即屬浮混，又何在乎「原有若干、买過若干」之註与不註也？月前曾接鈕公来札，囑弟[5]将赴托之簰內共有木若干，點明註票，俾使稽查。弟固才短，不能稽查。覆云，盖此间客人所买之木，停泊兩岸，约有十餘里之長，陸续放托。其买得四、五叚者，均係数起所买。其小木最少亦有数千，且係随處湾泊，就地放行。彼来領票，何能同其遍履各簰，逐根查點？不但弟所不能，正恐三頭六臂者，亦有所不能也。若僅憑客人所说載入票內，則又何足为據？今弟惟扵苗簰所到之處，時刻嚴查，有到即号，号即登记簿上，买後銷号。如有疎失，惟該主家是问。復經出示禁止，各客毋许争买。兩月以来，從無違者。是欲除其獘，必究其源，若源頭

理清，自無浮混。但毛坪之下，尚有小河数處，设有客人帶去浮混，弟实莫能查禁。惟在托口捴關照票點驗，秉公放行，則獎賣自除，而物議自除矣。又何必多立科條，轉致雜亂無章。杉板床桌荨物，均出在托口，已轉致鈕公照办矣。慈利接手交代各欵，係錢谷〔穀〕嵩司，弟所經手，惟接收硝價捴数一筆，及本任內领发各数也。至九谿營〔6〕存交硝價九十两，雖非弟經手，然记得有此一項，係周六哥在外書房交銀之时，所送红帋单內载有此欵，祈在交代封套內尋出此单查明。如有此項，并差人赴慈利，着張明望將报銷硝價底卷取来。伊查此欵，如未入收銀項內開銷，則係应解之項；若已埽入收項開銷，則係已銷之項，俱不必再解。竝，封套內竝無红单〔7〕，祈即札致永之〔8〕吳公取来核办。然必湏詳細查明，再行申覆〔9〕，寧遲毋錯，免致日後兩岐为祷。率此＝〔云〕。

【校箋】

〔1〕欼，原抄本其字右部有塗改。

〔2〕「憑」字後，原抄本該處寫有「诚」字，被圈去，據之改。

〔3〕「客」字前，原抄本「客」前有一「登」字，被刪去，據之改。

〔4〕刁蹬：亦作「刁頓」，即故意爲難、捉弄。

〔5〕弟，原抄本該字寫如「弔」，據文意改。

〔6〕九谿營：明時爲九溪衛，清乾隆元年，改九溪協爲九溪營，屯駐重兵。在湖南省慈利縣西北九十里，九溪河東北岸。路通桑植、大庸二縣。參見慈利縣志編纂委員會編：《慈利縣志》，北京：農業出版社1990年版，第425頁；段木干主編：《中外地名大辭典》，臺中：人文出版社1981年版，第37頁。

〔7〕红单：清代納稅之單據，稱「紅單」。乾隆《大清會典則例》卷四十八〈關稅下〉：「至商稅不令親塡簿冊，及不給紅單者，罰俸一年。」

〔8〕永之：清代湖南有永定縣，後改稱大庸縣，在今張家界市。

〔9〕申覆：申請審核。張自烈《正字通》：「覆，官府吏文之申請於上者，曰『申』，曰『覆』。」

十四、致鈕公（十二）

前闻熊客在此妄言托口釁端，_弟与先生共事，休戚相關，故敢據实奉闻，以便查察，毫無他意存焉。乃昨接_{小价}来禀，传述尊谕，始知老先生以此而深咎于我。顷接王客附〔1〕来手示，又已情見乎词。捧诵之下，实覺追悔靡既。嗣当改過贖〔2〕愆，统望汪洋〔3〕鉴原〔4〕，勿向外人指责，使松柏笑我不長青也。先此请罪，餘容負荊，不一〔5〕。

【校箋】

〔1〕附：捎帶，寄遞。

〔2〕贖，原抄本其字右部寫爲「卖」。

〔3〕汪洋：形容深廣，指人之氣度。《鐵花仙史》第二十三回：「還望老伯憲度汪洋，恕前愆而允新好。」

〔4〕鑒原：鑒別體察，給予原諒。亦作「鑒亮」、「鑒恕」。參見王雅軍編著：《實用委婉語詞典》，第23頁。

〔5〕不一：即「不一一」。書信常用語，謂不詳細敘述。例見歸有光：〈與宣仲濟書〉：「人去草草，明當奉晤，不一。」

十五、致居停（十八）

嚴玉至，接诵手示，敬聆一切。并知包頭、打鼓老均得妥人为慰。此间雖发過洪水两次，而大木仍然寥＝〔寥〕。皆曰臨江客少，大木難銷，所以苗贩均不买大木下〔1〕来。现在赶緊採办，揣期無悮耳。鈕公處_弟已有札请罪，此後断不敢再以粗直，復招怨尤也。桅木尚未买成，而该客已回黎平，大约望後始得議妥。看来桅木实難採办，且欲頭尾合式而無毛病者更難。宋公所买之桅，萬勿出售，致贻後悔为禱。

【校箋】

〔1〕「下」字後，原抄本該處寫有「又」字，被劃去，據之改。

十六、致鈕公（十三）

役至，接诵手書，備悉一切。纹銀六百，已照数收明。但尊處僅存元丝一百八十金，设或靖河及此间透漏桅、叚到托，則無銀向买，未免擔悮。今特送回竟面〔1〕一百两，祈查收存买桅、叚。至^弟前札冒昧之處，统望鉴原，望勿以^弟之罪而悮公事为祷。

【校箋】

〔1〕竟面：或爲「淨面」，即「淨面銀」。案，「淨面銀」，係「清、民時期，私人銀號所鑄銀錠的一種」，「以表面微鼓、光潔乾淨，僅有人名或銀號名者，稱爲『淨面銀』」。如河南的五兩腰錠即有。參見何林編著：《錢幣學詞彙簡釋》，北京：大眾文藝出版社 1999 年版，第 277 頁。又，據〈清代各地寶銀名稱重量簡表〉，開封有「淨面銀」，「即腰錠，每錠重五兩左右，市面通用，成色與北京十足銀同」。參見陳峰、蔡國斌：《中國財政通史（第七卷）清代財政史》（上），第 665 頁。

另外，查亦有稱呼「竟面銀」之例。據「嘉慶貳拾年冬月貳拾日立」之〈湖廣會館闔省首領士商公允撥約黃州會館管業憑據碑〉，其碑文中即提及「竟面銀」：「公眾議訂，原價玖伍銀壹千柒百兩，內銀陸百伍拾兩。先年公欠不曾償，後長府贖回轉當，原價竟面銀陸百伍拾兩。」見何智亞：《重慶湖廣會館：歷史與修復研究》，重慶：重慶出版社 2006 年版，第 251～252 頁。

十七、致居停（十九）

初四日一函奉復，未知收到否？兹发来叚木十八根，內有一根圍圓却不合叚，^弟曰此木長直停匀，故以叚價买之。其餘尚有長直者数根，均打有尖圈〔1〕，祈轉致宋公另揪可也。初七又到桅木两根，其圍圓較前两根略大，恐價錢更難講耳。又，闻得都匀、凱里等處桅木均已出山〔2〕，約有二、三十根，揽在五月內可到。吾哥实在尚湏幾根，祈迅速示知，以便酌量办理。再，現存銀不過九百餘金，或侭此而止，或尚有銀接济，统望详示。

【校箋】

〔1〕尖圈：即「△」符號。據明閔爾容選《蘇文》（序題《蘇文忠公文選》，明末烏程閔氏刊三色套印本）之〈凡例〉：「凡文之佳處，首圓圈『○』，次則尖圈『△』，又次則旁點『、』；間有敝處，則亦旁抹，或鐫數字。」

〔2〕出山：此爲清水江流域木植砍伐出賣時之常用語，在林業契約中較爲常見。如「合同字」：「十根，地主四根，栽主六根，從此日以後，同修理、蓄禁、砍伐下河、出山、關山。」見張新民主編：《天柱文書》（第一輯第 20 冊），南京：江蘇人民出版社 2014 年版，第 302 頁。又如，「清白合同」：「其鄙膽等，憑中將地主一股之木，艮壹百兩，憑中度與十六甲等領收。劉姓所栽之木并油樹，限二十年油樹枯焦、杉木砍伐，出山之日，其地方仍歸鄙膽。」見張新民主編：《天柱文書》（第一輯第 10 冊），第 23 頁。再如，「賣杉條木字」：「因此時木業蕭滌，故暫行蓄禁數月，姑待行勢起色，力〔立〕即請佚砍伐。日後砍伐時出山、關山，剩下之毛木土地仍歸山主，他人不得意外相爭。立此賣字爲據。」見唐立、楊有賡、武內房司：《貴州苗族林業契約文書彙編（1736～1950 年）》（第三卷），東京：東京外國語大學國立亞非語言文化研究所 2001 年版，G-○○一○。

所謂「出山、關山」，據稱指「買主將山上成材林木一次性採伐並搬運下山後，山主即將山場收回，買主不得以任何理由再繼續利用該山場」。參見貴州省錦屏縣平秋鎮魁膽村志編纂委員會編：《魁膽村志》，北京：方志出版社 2017 年版，第 90 頁。

十八、致天柱縣王公〔1〕

逖聽循聲〔2〕，時深企仰〔3〕，祇以仕秩星分〔4〕，無由〔5〕捧袂〔6〕为情〔7〕。迺稔老寅長〔8〕先生政履雙清，可勝額慶。弟以菲材，現奉委办解京例木。月之五日，曰陡发洪水，冲去叚木十八根，均經陸续尋獲。惟被貴治刁吏史必達莘抢〔9〕撈一根，硬不退还，且敢糾領多人，辱毆敝役。当經備具公牘〔牘〕，移请究追。業承檄委遠口司李公查讯，本擬静俟賜覆，何敢復行擾凟。然查史必達豪惡非常，前公牘所叙，尚屬輕描淡写，而其实在狂妄，情词〔10〕竟不可以筆墨形容。

谅神君〔11〕访察，自能洞鉴秋毫。但恐豪恶之徒，既视客官若弁髦，必以佐雜为兒戲，尚祈親提查讯，照律究追。庶刁民咸知儆戒，不敢效尤，而弚得以依限辦解，無惧

欽工〔12〕重務，則感荷雲谊〔13〕，实靡既矣。肅此佈達。

【校箋】

〔1〕天柱縣王公：查光緒《續修天柱縣志》卷六〈秩官志〉：「王惪齡，乾隆年任。」雖未言明任職年份，但乾隆年間僅其人爲王姓。再查《錦屏縣林業志》，乾隆四十二年時任天柱縣知縣爲「王德齡」，同「王惪齡」。參見《錦屏縣林業志》編纂委員會編：《錦屏縣林業志》，第 307 頁。故而，此處「天柱縣王公」，應即指「王惪齡」。

〔2〕逖聽循聲：逖聽，猶逖聞，在遠處聽到，常表示恭敬。循聲，指爲官有循良之聲，又指治績，聲譽。參見吳士勳等主編：《宋元明清百部小說語詞大辭典》，第 1125 頁。

〔3〕时深企仰：時深，隨時間益加深。企仰，跂足仰望，引申指景仰、仰慕。參見王雅軍編著：《實用委婉語詞典》，第 235 頁。

〔4〕仕秩星分：當指在異地爲官。

〔5〕無由：沒有門徑；無法。

〔6〕捧袂：猶拱手，指相見。

〔7〕为情：答情酬報。參見吳士勳等主編：《宋元明清百部小說語詞大辭典》，第 1029 頁。

〔8〕老寅長：亦作「老寅台」，官員對同僚的敬稱。參見吉常宏主編：《漢語稱謂大詞典》，第 530 頁。

〔9〕抢，原抄本其字寫近「抡」，應同「搶」。

〔10〕情词：陳情之詞。

〔11〕神君：對賢明官吏的敬稱。

〔12〕欽工，雙抬。

〔13〕雲谊：高厚度情誼。

十九、致黎平府吳太尊

　　仲春旌莭經臨〔1〕，藉得叩谒榘範〔2〕，仰蒙推愛垂青，關情逾格，銘感之私，莫可言喻。迩稔老先生勳〔勳〕猷懋著〔3〕，福履凝祥，可勝額慶。乙以疎庸〔4〕，谬承敝东託办例木，讵此差獎端百出，艱難萬狀。而毛坪之主家又狡詐異常，非勾通苗販〔5〕，高抬时價〔6〕，即不服拣〔揀〕選号買〔7〕，以致此时所办桅、叚，尚不及十分之三，指顾届限，深堪焦慮。至月之初二，有主家龍上琇〔珍〕，即或〔8〕有木簰十餘塊到崗，內有合式叚木十七根，当經号就，屢次传唤该主家前来議價，奈其商同木客邵〔9〕武，硬不肯將大木折卖。乙又与之再三熟商，讓其十根品搭〔10〕，餘木賣客，乙只买其七根，而彼猶坚执不從，且敢发泄狂言，殊屬可惡。現在正当產木之时，急湏赶办，若竟任其恃刁玩违〔11〕，人必效尤，有悮公事。又有主家龍現奇、龍太運等，到有桅木六根。細访时價，每根不過廿餘兩。弟已還至廿五兩，乃〔12〕伊等竟視为奇货，坚要六、七十兩。查部價，每根連運費只发廿兩，未便任其高抬價值，致滋賠累。肃〔肅〕此瀝情〔13〕，專差馳達，務祈老先生俯賜照拂，或飭差押令主家龍上琇等，將所号桅、叚诸照價賣给，或即檄委錦屏捕公前来弹壓办理。并懇鈞示嚴禁各主家不得把持行市，阻撓公事，庶若輩知所畏惧，使乙得以依限赶办，不致負人所托，則感荷明德盖無既矣。

【校箋】

〔1〕旌莭經臨：旌節，使者所持之節。黃六鴻《福惠全書》卷四〈承事上司〉：「旌節經臨，驪輿按部。」指上司經過或因公事特臨。

〔2〕榘範：即「矩範」，法式、典範，稱人之敬語。參見葉帆編著：《中華書信語辭典》，第460頁。

〔3〕勳猷懋著：勳猷，指功勳、功勞。恭頌之辭，指廣爲記載功勳。

〔4〕疎庸：亦作「疏庸」，粗疏平庸。

〔5〕販，原抄本其字右下有「○」。

〔6〕價，原抄本其字右下有「○」。

〔7〕買，原抄本其字之右有「〇」。

〔8〕或，疑衍。

〔9〕邵，原抄本該字爲「邵」，抑或爲「邰」，殊難判定，錄以備考。

〔10〕品搭：謂按品類等級搭配。

〔11〕玩違：玩忽違抗。參見王一軍主編：《明清鄖陽歷史文獻箋注稿》，北京：
　　　當代中國出版社 2004 年版，第 678 頁

〔12〕乃，原抄本該處原寫「仍」字，其字左部似被圈去，據之改。

〔13〕瀝情：謂點滴不漏地告知實情。

二十、致居停（二十）

　　頃接手諭，欣悉吾哥大人政履凝祥为慰。但知沅陵之项，半成畫餅，诸事又未免掣肘耳。慈利之木先弋漢口，固屬卓見，但闻漢鎮小木不甚得價，且無現銀，而行家之奸诈又甚扵南京。更以上用斧记之木，不随大簰前去，沿途固有未便，即到地頭，亦恐启人疑慮，無人敢买。若既先去，而仍不能售銀接济，則又不如先著妥当之人，放至岳州小港內灣住〔1〕，俟大簰到彼同行。既可省费，又可免劳。正不知有当否，统祈高明酌奪。如必欲先去，亦必得削去原印，另加斧记为祷。此间实收銀一千五百兩。前托口来字云，只存二百餘金，看来鈕公借项，恐不到八百之数。弟處用賬已大畧開呈，下餘〔2〕銀兩，恐不能多买，如可设法，務及早帶来。访得桅木頗有，惟現在天旱水涸，而源頭更淺，不但桅木难出，即段木亦绝無到者，眞令人愁極。全望端陽〔3〕，竝磨刀水〔4〕发，始可赶办耳。廿五日所买二桅，係三月十二日到者。議至再三，彼總执之五、六十兩。及弟欲差人赴郡，请官協买，彼始畏惧。復邀集衆主家劝〔勸〕議毛艮六十一兩，为之买就，其餘尚未議妥。今已將桅木发托，祈法眼一估，可不致吃虧否？再，弟親赴王寨号买桅木一根，去毛價十五兩。缘此客颇好脸〔臉〕面，弟以優禮相待，故能若是便宜，今亦一竝发托矣。

【校箋】

〔1〕湾住：即「灣排」，指在岸邊停泊繫挽木排。本卷之二十三〈致居停（廿二）〉即有「湾簰」。關於灣排地點之選擇，可參見〈廣西森林工業局木材生產安全作業暫行規程〉，載中華人民共和國林業部辦公廳編：《林業法規彙編》，北京：中國林業出版社 1956 年版，第 533 頁。

〔2〕下餘：即「餘下」。

〔3〕端陽：即端午，五月初五日。

〔4〕磨刀水：意指農曆五月十三日所下的雨水，俗稱此雨爲關公的磨刀水，又稱「磨刀雨」。俗諺有云：「〔五月〕十三、十四磨刀水。」見馬維甫編著：《漫水河區域志》，合肥：黃山書社 2016 年版，第 346 頁。相關民間故事，可參見羅楊總主編：《中國民間故事叢書》（江蘇南通·海安卷），北京：知識產權出版社 2016 年版，第 191～192 頁。

顧祿《清嘉錄》卷五〈關帝生日〉：「〔五月〕十三日爲關帝生日，官爲致祭於周太保橋之廟。吳城五方雜處，人煙稠密，貿易之盛，甲於天下。他省商賈，各建關帝祠於城西，爲主客公議規條之所，棟宇壯麗，號爲會館。十三日前，已割牲演劇，華燈萬盞，拜禱維謹。行市則又家爲祭獻，鼓聲爆響，街巷相聞。又相傳九月十三日爲成神之辰，其儀一如五月十三日制。俗以此二日雨，爲『關王磨刀雨』，主人口平安。蔡雲《吳歈》云：『神誕猶傳漢壽亭，神臺弦管散諸伶。竹君自醉龍生日，一陣磨刀雨恰腥』。」湘西、黔東南一帶，磨刀水與行排密切相關，在小說中亦有此類描寫，若「春旱無雨，沉水處於枯水狀態，大排無法啓航」，需要「直等到五月十三，關老爺的生日，沉水漲起『磨刀水』，木排才能成行」。見李懷蓀：《湘西秘史》（上），北京：作家出版社 2014 年版，第 227 頁。

二十一、致宋公（十）

兩接手教，如晤芳型〔1〕，飢渴之思，藉以稍慰。但知梅花情薄，辜負栽培，竟致老先生掘出心中梅癖，直令人稱恨靡已。想種情錄後，又不知續多少醒世文詞矣。暎〔映〕帶之美，未嘗不思竊效。但恨不能翻唱苗歌，無由勾引。且遍加遴選，俱屬魔女鳩盤〔2〕，实不屑与締〔締〕緣。是以歷此半年，竟如老僧坐禅〔禪〕，烦嚣〔囂〕盡滅。

不但眞情難遘，即昔日夢裡歡娛，今欲求之而亦不可得矣。至办理公事，原有經权之变〔變〕，豈可執一而行。老先生所買靖柁，其中调剂，正屬权變之道，在無知者何能測度？比时托口传信到此，弟亦料有別情，囑勿疑慮。讵簧口好鼓，其奈之何？即如弟在此间，曰不肯随波逐浪，每招怨尤。甚在小价之前，惡言申飭，弟亦惟有忍氣吞聲而已。但願公事早完，得告無過扵主人，即尽我之愚忱耳。

【校箋】

〔1〕芳型：美好的典範。參見漆子揚：《邢澍詩文箋疏及研究》，蘭州：甘肅人民出版社 2008 年版，第 97 頁。

〔2〕鳩盤，即「鳩盤茶」之省稱。佛書中謂噉人精氣的鬼，亦譯作「翁形鬼」、「冬瓜鬼」等。常用以比喻醜婦。

二十二、致居停（廿一）

蒒前一函奉覆，未知登覽否？昨接宋公来札，而吾哥大人已曰公赴省，想迎新送旧，又未免多一番糜費。但不識何日旋常，并省中近事，统望示知。近日尙未发水，竟無大木到崗，殊深焦慮。兹有徽客胡君〔1〕，名廷魁，字兆三，係國学生，为人正直清雅，与弟相交数月，颇稱莫逆。即木行利獎，亦深承〔2〕指教。將来南京一切，猶可藉为耳目。如其来署拜見，務祈吾哥優禮相待，是所祷切。

【校箋】

〔1〕徽客胡君：據《清華胡氏統譜》卷八：「〔胡〕廷魁，貢生，字兆三，號梅溪。乾隆己巳年九月初四亥生，道光癸未九月初一戌歿。」

〔2〕「承」字後，原抄本此處寫有「利」字，其上似有劃痕刪除，且結合文意，應爲衍字，據之改。

二十三、致居停（廿二）

初十日，徽州胡客赴常，曾附一函，未知收到否？昨接手示，欣悉吾哥大人政履清吉〔吉〕〔1〕，簿纜荨项俱已办理妥協〔2〕为慰。此

间叚木渐少，桅木亦尙未出来。俟一到，即当如命議买，断不曰循放過，致悮公事。然前此〔3〕送銀来苗之嚴玉〔4〕，弟因知其曾随前年王友在苗办過此差，即備细询，知都公所买之桅、叚，悉係陈木，均不能如弟所办之木色也。若此言不谬，则靖桅亦侭可应用。祈传询明確示知。如萬不可用，设或臨期难办，悮事匪輕。弟擬于六月底親赴上游，设法購买，務祈酌奪速示，以便遵行。至弟蒙吾哥待如骨月，原不应另作經營，然前在省时，已借得利銀百餘，必得搭买些湏，以便日後峁还。弟擬俟公竣，或买護木，或买小木，斷不敢假公济私耳。弟峁在鳳，亦非久计。現已札致舍弟，另図住處。此时竟不必寄銀前去，徒多花费。再，十七买得叚木七根，每根式两九錢五分，共銀廿兩零六錢五分。弟扵早飯後买就，即带同簰巡赴湾簰之上湾〔5〕地方，将木逐根看過，交与牌巡紮筏，放至寓所河下，以便就近照料。弟随回寓。讵伊等竟赴別處看戲，并不放木。及弟于午後又親赴该處看木，見此七根仍散在原處。弟曰天时燥熱，恐有雨水，復嚴替伊等放下。迨弟看木回寓，时已昏黑，即值大雨，未及赴河看視復巡。询據簰巡，咸稱木已弔緊無碍。讵于十八鷄叫时，弟闻水勢漸長，即起来查看，此木已漂六根。随喊起簰巡撈木，乃簰頭羅和欲赴喊主家徃撈，弟以主家相隔既遠，徃返擔延，恐難撈獲，即飭令伊等親駕小舟赶撈。至飯後回寓，據稱，赶至天柱所屬之散崗地方撈獲，交与该處民人看守。弟復责其先不小心，以致多取勞苦。讵簰頭羅和竟不自認過，反敢強嘴，实屬可惡，難以姑容，故特打发回来。再，伊前月因讨親〔6〕乏用，曾向弟借銀廿四两未還，特着孙荣押回，祈即勒追是祷。孙榮亦不必令其再来，現在公事将畢，侭敷使用矣。况此间诸事，若不事＝〔事〕親到，必有舛錯。弟以日渐磨鍊，竟習以为常，亦不覺其劳倦。惟所寄之薄底鞋又将穿矣，曰戲成一聯：「三双鞋已破，兩脚底生痂」。率此附闻〔7〕，以博一粲。〔8〕

　　再，〔9〕顷接简纪来字，并外寄黔陽縣文底〔10〕。阅悉尊處自奉办木植後，未将办得若干之處，具文申报，以致飭催。今特谬擬两稿，

祈核行。如業經申覆，此後亦必按旬具报，揔在额数之內酌量填报〔11〕可也。移黔陽稿內数目，亦祈酌慎。再，向来德山斧買架、槁，若藩憲亦飭武陵查报，则必將覆司稿內架、槁数目，扵武陵、黔陽二處分開移覆，庶使两處轉报数目，与自己报司之数相符。若武陵向不查报，则将报司之数尽婦黔陽文內可也。

【校箋】

〔1〕清吉：清平吉祥。

〔2〕妥協：停當、完畢。

〔3〕前此：在此之前。

〔4〕嚴玉：亦見本卷之十五〈致居停（十八）〉：「嚴玉至。」

〔5〕上湾：天柱縣有「上灣」地名，參見黃再琳主編：《貴州省天柱縣地名志》，天柱：天柱縣人民政府1987年版，第190頁。

〔6〕讨親：娶親。

〔7〕附闻：同「附及」，順帶再提一下。如信已寫完後又添上幾句，常在這幾句後註明「附及」或「附闻」。此處指順帶附上題外之話。參見徐玉明編著：《中國交際辭令》，第340頁。

〔8〕以博一粲：粲，笑時露齒之貌。指設法赢得對方一笑。參見向光忠、李行健、劉松筠主編：《中華成語大辭典》，長春：吉林文史出版社1986年版，第1567頁。

〔9〕本段「再」字始，原抄本另起一列。

〔10〕文底：即指「文底紙」，印長方線格及相關字樣，係公文用紙。參見徐望之編著：《公牘通論》，北京：檔案出版社1988年版，第177頁。

〔11〕报，原抄本「塡」字後寫「起」字，被劃去，在其右改寫「报」字，據之改。

二十四、致居停（廿三）

頃接十六日来谕，知吾哥政履亨嘉〔1〕為慰。此處水土既劣，又值瘟〔2〕疫之时，頗難调攝〔3〕。弟総以寧飢勿飽，寧煖〔暖〕勿凉，尚不致为戾氣所侵，祈毋厪念。弟与鈕公已相好如初，一切公事仍以

札商办，并不以私見而悮公事也。前到桅木，已买成四根发托，其餘三根实均有毛病，業經讓出。昨又到有桅木四根，內有三根合式，現在議價。此客所落之主家頗能办事，且望前尊太尊到寓〔4〕，弟又告知情由，託其獎勵一番，甚得脸面。看来此桅不過数日內可以買妥，價值亦不過廿餘兩可得。桅價固所難之，然省得一兩，即是一兩，設萬不可少，自當增價也。再，昨日买得段木六根，弟即親徃省視，內有空疤者兩根，欲与掉換。讵山販已将飯〔5〕木賣客，該主家前来懇求，弟随免其另換，即屬巡役放木。不料適有一班臨江客夥，正吃完会酒落河，見此段過于長大，不能讓伊等买去，随与巡役争鬧，鬨動衆客，幾致醸事。迨弟邀请臨江老客数人，说明情由，曉以利害，始行息事。今将示稿呈阅，以見苗內办事之難。然以弟不親徃之咎，錦屏王四公于廿一日奉府委查〔6〕崗，弟已照向規应酬，送其土物四種。此佈。

【校箋】

〔1〕亨嘉：猶亨會，美好的事物聚湊一起。《周易·乾》：「亨者，嘉之會也。」

〔2〕瘟，原抄本該字「疒」內寫如「曼」。

〔3〕调攝：調理保養。

〔4〕望前尊太尊到寓：本卷之二十六〈致居停（廿四）〉：「望前吳太尊到此，雖承其嚴谕主家認真代办，并聽多買餘木。」是即指此事。兩相對校，故此處之「尊太尊」應訛，當爲「吳太尊」。

〔5〕飯，或訛，似應爲「餘」。

〔6〕查，原抄本該字不清，或應爲「查」。

二十五、致宋公（十一）

月初寸函奉候〔1〕，谅邀青照。迩值〔2〕暑氣炎蒸，想文駕殷勤公事，可不致過於勞倦否？弟日渐磨鍊，竟習以为常，亦不竟〔覺〕其辛苦，祈毋厪念〔3〕。此间又已发水，若係各處小溪所发，則桅、段必多，自當赶办。昨又买得桅木一根，去毛價廿六兩，現发托口矣。率此＝＝〔云云〕。

【校箋】

〔1〕奉候：敬詞。恭候。《陸隴其年譜》：「即欲作一札奉候，因適當計典之時，不輒通書都門，恐涉世局情態，故雖知己如先生，不敢聞問，惟耿耿於中而已。」見吳光酉、郭麟、周梁等撰：《陸隴其年譜》，諸家偉、張文玲點校，北京：中華書局 1993 年版，第 128 頁。

〔2〕邇值：近值。邇，近來。參見葉帆編著：《中華書信語辭典》，第 207 頁。

〔3〕厪念：書信中常用語。殷切關注。《清史稿》卷二百六十三〈朱之弼〉：「錢糧侵欠，兵食不充，為上所厪念。」

二十六、致居停（廿四）

二十八日奉覆一函，未知收到否？月初共買桅木五根，其標長直秀者三根，每根廿四兩三錢；略次者一根，十四兩；陈色〔1〕者，十一兩。圍圓尺寸俱有寬餘，其議價均算便宜快当。此实叨吳太尊之照应，亦吾哥之洪福也。现在雖已发水，而各處小溪仍然乾涸，所以段木無多。且主家、山贩均知額数将完，亦不肯多賣。望前吳太尊到此，雖承其嚴諭主家認真代办，并聽多買餘木，然渠道過天柱，又托敝友陈六哥致弟從寬照舊办理，亦渠之苦心也。看来只好相機而行，扵月底月初，即倒斾回常，恐久住無益矣。闻德山扵望後发水甚大，不識木簰可無碍否？

【校箋】

〔1〕陈色：前文提及木植之「陳色」者，見本卷之二十三〈致居停（廿二）〉：「知都公所買之桅、段，悉係陈木，均不能如弟所办之木色也。」本卷之一〈致居停（十二）〉：「十八日有桅木一根，係臨客吳文運從上游買来。弟即徃看，圍長尽合，奈皮色已黑。」

二十七、致鈕公（十四）

頃接来札，備聆一切，向友之信，当即轉交。渠于初三日，又取去撤艮十三兩，连前共去九八平撤銀四十六兩。王寨之桅，〔1〕弟早已

遣人号就。雖據巡役回称尾徑畧小，然弟尚未看過，擬俟水退，親徃看視。若果可用，自当为居停买之。萬一不合，但憑貴友議买可也。兹发来椢木五根，其標長者三根，每根廿四两三錢；畧次者，十四两；陈色者，十一两，不致吃虧否？再，现在存銀無多，祈將向友那項，并前後尊處之銀，即速妥差送来接济为祷。

【校箋】

〔1〕王寨之椢：王寨买椢木事，見本卷之二十〈致居停（二十）〉：「弟親赴王寨号买椢木一根，去毛價十五两。」

二十八、致宋公（十二）

两接手示，知興居嘉勝〔1〕，簿務已辦理妥協为慰。并于主家札中，欣悉令郎先生荣膺選拔，不勝雀喜。然老先生樹德深厚，而令郎先生又宿学淵源，得見秋闈鶚薦〔2〕，萬里鵬〔鵬〕程，正堪預慶。此间椢木五根，段数十根，已由托轉发矣。近日頻大水，俟有椢、段，自当赶办，扵月底、月初回常，不便久延耳。率此奉贺〔3〕，竝俟近安，餘容面叩，不一。〔4〕

【校箋】

〔1〕興居：即日常生活，猶言起居。「興居嘉勝」，書信常用語，例見〈覆燕京大學司徒雷登校長函〉：「頃接華函，快同良晤，敬念興居嘉勝，如頌爲慰。」見歐陽哲生、劉慧娟、胡宗剛編：《范源廉集》，長沙：湖南教育出版社2009年版，第472頁。

〔2〕鶚薦：語出孔融〈薦禰衡表〉：「鷙鳥累百，不如一鶚；使衡立朝，必有可觀。」後以「鶚薦」謂舉薦賢才。又，前文有「榮膺選拔」語，後人亦以「榮膺鶚薦」爲賀人登科之頌辭。見邱濬：《成語考・科第》：「賀登科曰『榮膺鶚薦』。」

〔3〕奉贺：祝賀的敬辭。參見徐玉明編著：《中國交際辭令》，第98頁。

〔4〕「不一」後，原抄本該頁之背面缺失。

附　卷

一、公議新敷頭底

不登	廿四敷	〡亖	十四四
〡尺	廿三	半	十三七
〇半	廿二五	〡文	十三四
〡一	廿二	半	十三一
半	廿一五	〢尺	十二八
〡二	廿一	〇半	十二五
半	廿〇五	〢乙	十二二
〡三	廿	半	十一九
半	一九五	〢二	十一六
〡乂	十九	半	十一二
半	十八五	〢三	十〇八
〡8	十八	半	十〇四
半	十七四	〢乂	十敷
〡亠	十六八	半	九六
半	十六二	〢8	九式

〡二	十五六	半	九敷
半	十五	〢一	八九 [1]
半	八八	〣一	七九
〢二	八七	半	七八
半	八六	〣二	七七
〢三	八五	半	七六
半	八四	〣三	七五
〢文	八三	半	七四
半	八二	〣乂	七三
〣尺	八一	半	七二
半	八敷	〣8	七一 [2]
半	七敷		
〣一	以上照賣壹九分銀。		

三尺六以上，照根数值價若干。譬如值五十兩，抽銀五兩。

每千錢粮，德山付四百，照利扣算。

九江付銀
蕪湖付銀 其利按月计算，以南京发銀日爲始。

沿途木植如有疎失，公衆赔補。

短筒十件抽一件。

三料以上，照圍以一贯八分算價，每兩抽二錢五分。

不登	廿敷	粮錢銀四分	〡乂	十五	錢○五厘
乙尺	十九敷	五分○七厘	半	十四五	錢一分六厘
○半	十八五	七分四七五	〡8	十四	錢二分六厘
〡一	十八	七分二厘	半	十三五	錢四分一七五

半	十七五	七分八厘七五	〡一	十三	錢五分六厘
〡二	十七	八分五厘	半	十二五	錢六分八厘七五
半	十六五	九分〇七毛五	〡〣	十二敷	錢八分
〡三	十六	九分六厘	半	十一五	錢八分九厘七五
半	十五五	錢〇〇七五	〡〣	十一敷	錢九分八厘 [3]

半	十敷	二錢〇五厘	川三	七三	三錢一分三厘九
〡文	九五	二錢一分八厘五	半	七一	三錢二分三厘〇五
半	九敷	二錢二分九厘五	川乂	六九	三錢三分一厘二
川尺	八七	二錢四分三六	半	六七	三錢三分八厘三五
〇半	八四	二錢五分六厘二	〢8	六五	三錢四分四厘五
川一	八一	二錢六分八厘三	半	六三	三錢六分五厘四
半	七九	二錢八分四厘五	川一	六一	三錢八分四厘三
〡二	七七	二錢九分二厘六	半	六敷	三錢九分
半	七五	三錢〇三厘七五	川〣	五九	四錢三分〇七 [4]

半	五八	四錢五分二厘四	川二	四九六	七錢〇分七厘八五
川三	五七	四錢七分三厘一	半	四九	七錢四分九厘七
半	五六	四錢九分二厘八	川三	四八五	七錢九分〇五
〢文	五五	五錢一分一厘五	半	四八	八錢三分〇四
半	五四	五錢二分九厘二	川乂	四七五	八錢六分九厘二五
川尺	五三	五錢四分五厘九	半	四七	九錢〇分七厘一
〇半	五二	五錢八分七厘六	川8	四六五	九錢四分三九五
川一	五一	六錢二分七厘三	半	四六	一兩〇二分五厘八
半	五敷	六錢六分五厘 [5]			

【校箋】

〔1〕「八九」前，原抄本此前為一頁之兩面，此處兩列為連續表格，即左列之末「〡二」、「（〡二）半」後，應接續右列起始之「〡三」。隨後右列之末「〢亠」，應接續下一面左列起始之「（〢亠）半」、「〢二」。故而，此後空一行表示分頁。

〔2〕「七一」前，原抄本此為一面之末，本面內左、右兩列接續。右列之末「川8」，應接續下一面左列起始之「（川8）半」、「川亠」。故而，此後空一行表示分頁。

〔3〕「錢九分八厘」前，原抄本此為一面之末，本面內左、右兩列接續。右列之末「〡三」，應接續下一面左列起始之「（〡三）半」、「〡文」。故而，此後空一行表示分頁。

〔4〕「四錢三分〇七」前，原抄本此為一面之末，本面內左、右兩列接續。右列之末「〢亠」，應接續下一面左列起始之「（〢亠）半」、「〢三」。故而，此後空一行表示分頁。

〔5〕「六錢六分五厘」面，原抄本其背面缺失。

二、燈竿木〔1〕

燈竿木〔2〕，三根。

一根長九丈六尺，頭徑二尺二，稍〔3〕□……

二根長八丈六尺，頭徑二尺，稍徑〔4〕□……

毛坪主家龍上昇。

王寨主家王文正。

卦治主家文起辉〔輝〕。

【校箋】

〔1〕燈竿木，原無篇名，原抄本該面起始文字為「燈竿木」，故以之為此殘篇名。該篇在原抄本第1頁正面，僅存右上半頁，背面無字。

〔2〕燈竿木：前文提及有「天壇燈杆木」（卷二之九〈示托口〉：「天壇燈杆、桅、叚、架、槁等木」，及卷二之十三〈移錦屏捕廳〉）；又有「欽安殿所

需燈杆大木三根」（見卷二之十四、十五、十六、二十、二十七；卷二之二十七〈移黎平府天柱縣〉載：「欽安殿所需旂杆木一根，燈杆木二根」）。唯以上均用「杆」字，僅卷三之二十五〈致居停（九）〉言「天坛燈竿木自當峕意」，用「竿」字。

據以上，此處「燈竿木」所指應爲欽安殿所需之「燈杆大木」，其中又分爲「旂杆木一根，燈杆木二根」。本篇以下「一根長九丈六尺」者，應即「旂杆木」；「二根長八丈六尺」者，即爲上所謂「燈杆木」。

〔3〕稍，原抄本「稍」字僅存上半部；據下文，其內容應爲「稍徑若干」。

〔4〕徑，原抄本「徑」字僅存右上半部。

三、藥方〔1〕

当归〔歸〕　四匁　茯○〔2〕　二匁　熟附子　三匁　熟地　一兩

川芎　二匁　玄〔3〕胡　三匁　北芥　二匁　炙芪　四匁

丁香　五匁　白术　二匁　玉叩霜〔4〕　二匁　故芷　二匁

边〔邊〕桂　三匁去皮　冠〔蔻〕仁　三匁　党〔黨〕參〔5〕　五匁炙　洋參

〔6〕五匁　姜〔薑〕炒炙

半夏　三匁炙　杜仲　三匁炒　骨紅　二匁　炮姜　二匁

北辛　二匁　吳于　二匁燒　茉〔蒾〕子　二匁　鹿茸〔7〕　二匁

五匁〔8〕

共为细末，好酒蜜为必丸〔9〕。

【校箋】

〔1〕藥方，此二字原抄本無，據文意加篇名。此藥方附在卷四之九〈致居停（十六）〉之後，在第99頁背面。

〔2〕茯○，即「茯苓」。

〔3〕玄，原抄本「玄」字最末一點闕筆，當爲避諱也。參見李國強：〈清代殿本古籍中的避諱實例分析〉，《藝術市場》2007年第1期，第102～103頁。

〔4〕玉叩霜：中藥肉豆蔻搗爛，用紙吸去油分，其渣即爲「肉蔻霜」，有澀腸止

瀉之功用。又，「玉叩」、「肉蔻」，二詞廣州音通。參見程康圃、楊鶴齡著，鄧鐵濤等點校：《嶺南兒科雙璧》，廣州：廣東省高等教育出版社 2002 年版，第 51 頁。

〔5〕參，原抄本僅寫其字下部之三撇，後「洋參」之「參」亦如是。

〔6〕洋參：即「西洋參」。外洋人參入華，初名「洋參」，嗣後才有「西洋參」之稱。乾隆時貿易已頗多，乾隆五十四年（1789 年），美國入華人參達到 2055 擔。雍正年間，《常稅則例》專載「洋參每斤一錢五分」。相關內容，參見郭衛東：〈西洋參：中美早期貿易中的重要貨品〉，《廣東社會科學》2013 年第 2 期，第 122～132 頁。

〔7〕鹿茸，即「鹿茸」。

〔8〕五匁，此二字寫在「二匁」之右一行，其上並無藥名。

〔9〕蜜为必丸：醫籍常有「煉蜜爲丸」語。

四、書单 〔1〕

大匵○○○ 〔2〕

上：

《音学五書》〔3〕，十八；

《春秋五传》〔4〕，二套；

《通鑑摯要》〔5〕，廿十；

《綱鑑易知》〔6〕，二套；

《陔餘叢攷〔考〕》〔7〕，十二；

《格致鏡原》〔8〕，卅十；

《大学衍義》〔9〕，八本；

《古今易合》〔10〕，六本；

《臒仙文谱〔譜〕》〔11〕，四本；

《瑞雲錄》〔12〕，二本；〔13〕

《國语》〔14〕，四本；

《廿一史约编〔編〕》〔15〕，八本；

《史记論文》〔16〕，十本；

《燕蘭小谱》〔17〕，四本。

下：

《试律彙鈔》〔18〕，八本；

《唐诗〔詩〕合選》〔19〕，六本；

《寄嶽雲斋〔齋〕》〔20〕，四本；

《曝書亭诗註》〔21〕，十二；

《菁華錄箋註》〔22〕，十三；

《別裁集》〔23〕，十六；

《宋十五家》〔24〕，十二；

《忠雅堂集》〔25〕，十二；

《濠南诗話》〔26〕，四本;

《随緣诗話》〔27〕，八本；

《古诗发〔發〕源》〔28〕，四本；

《温〔溫〕李合集》〔29〕，四本：

《诗法度針》〔30〕，八本；

《读〔讀〕杜心解》〔31〕，二套；

《太白文集》〔32〕，二套；

《杜诗详註》〔33〕，二套；

《佩文诗韻》〔34〕，一套；

《声〔聲〕调谱》〔35〕，二本；

《韵字辨同》〔36〕，三〔37〕本；

《板橋诗集》〔38〕，四本。

壹号〇〇：

《性理集解》[39]，四本；

《姓氏谱》[40]，四本；

《日下旧聞》[41]，兩套；

《六才子書》[42]，四本；

《名矣〔賢〕传》[43]，四本；

《悦心集》[44]，二本；

《通〔45〕鑑明记》[46]，四本；

《读書记数略》[47]，兩套；

《福惠全書》[48]，一套；

《海東札记》[49]，二本；

《寄園寄所寄》[50]，十二；

《廣博物志》[51]，十六；

《小蒼山房尺牘》[52]，二本；

《濂溪夫子志》[53]，五本；

《试策箋註》[54]，四本；

《易卦私箋》[55]，二本。

貳号：

《中樞政攷》[56]，一本；

《说文偏旁攷》[57]，二套；

《宣和画〔畫〕谱》[58]，六本；

《说铃前集》[59]，二十二；

《南華經解》[60]，四本；

《遗像题词》[61]，二本；

《篆隸字攷》〔62〕，七本；

《印谱》〔63〕，八□〔64〕；

《荀子》〔65〕，四本。

叁号：

《廣輿集》〔66〕，十二；

《先〔67〕冤錄》〔68〕，二本；

《錢〔69〕穀備要》〔70〕，八本；

《刑部駁案》〔71〕，四本；

《辨〔72〕案要畧》〔73〕，一本；

《治政集要》〔74〕，廿六；

《則例便览〔覽〕》〔75〕，十二；

《刑錢必览》〔76〕，四本；

《畫谱》〔77〕，四部。

肆号○○：

《字帖》〔78〕，十九本〔79〕；

《草字彙》〔80〕，六本；

《雜帖》〔81〕，四塔〔82〕；

《畫禅室随筆》〔83〕，二本；

《抄二王目〔84〕錄》〔85〕，一本。

五号：

《阳〔陽〕宅都天滚盤珠》〔86〕，一本；

《穴法分受》〔87〕，八本；

《司馬旧遊》〔88〕，三本；

《三白寶海》〔89〕，八本；

《地理錄要》〔90〕，一塔；

《神相全》〔91〕，六本；

《脉〔脈〕要図經》〔92〕，二本；

《地理五诀〔訣〕》〔93〕，六本；

《羅經秘竅》〔94〕，十二；

《卜法详考》〔95〕，一套；

《周易函书〔書〕》〔96〕，三套；

《数理精详》〔97〕，四本；

《一化元宗》〔98〕，一本；

《五行修図》、《張仙墨刻》〔99〕，二張。

六號：

《清河书畫舫》〔100〕，十二；

《小蒼山房》〔101〕，四本；

《板橋雜集》〔102〕，一本；

《谐〔諧〕聲》〔103〕，四本；

《峕青新集》〔104〕，二套；

《類腋》〔105〕，三套；

《古今類传》〔106〕，四本；

《錦字箋》〔107〕，四本；

《韵府羣〔群〕玉》〔108〕，十本。

【校箋】

〔1〕書單，此書單之字跡與前主文的兩種字跡均有明顯差異，其字較小且稍嫌潦草。

〔2〕○○○，原抄本「大匱」二字之下，原有三個圓圈符號。其後「壹號」下、「肆号」下均有兩個圓圈符號。

〔3〕《音学五書》：顧炎武著，初名《音統》，計有《音論》三卷、《詩本音》十卷、《易音》三卷、《唐韻正》二十卷及《古音表》二卷，凡三十八卷，於康熙六年（1667 年）开雕。

〔4〕《春秋五传》：明張岐然編有《春秋五傳平文》，內府藏本四十一卷。《四庫全書總目提要》卷三十〈春秋類存目一〉：「其書採《左傳》、《公羊傳》、《穀梁傳》、胡安國《傳》，而益以《國語》。《國語》亦稱《春秋外傳》，故謂之『五傳』。」

〔5〕《通鑑擥要》：姚培謙、張景星合纂，有飛鴻堂乾隆年刻本，計前編二卷、正編十九卷、續編八卷，總二十九卷。參見「飛鴻堂」條，瞿冕良編著：《中國古籍版刻辭典》，蘇州：蘇州大學出版社 2009 年版，第 30 頁。其書爲普及性讀物，宗旨在於簡約史文，以便後學。參見王彥霞：《清代通鑑學研究》，北京：人民日報出版社 2006 年版，第 74 頁。

〔6〕《綱鑑易知》：應即指《綱鑑易知錄》，吳乘權、周之炯、周之燦編纂，凡一百零七卷，完成於康熙五十年（1711 年），爲「綱目體」編年通史。該書簡明易讀，流傳甚廣。參見常棣等編著：《文史手冊》，南京：江蘇教育出版社 1987 年版，第 354 頁。

〔7〕《陔餘叢攷》：趙翼著，凡四十三卷，原爲作者於乾隆三十六年自黔西罷官後之讀書札記，十餘年後始刊行，有乾隆五十五年（1790 年）湛貽堂刊本。

〔8〕《格致鏡原》：陳元龍撰，凡一百卷，分三十類。《四庫全書總目提要》卷一百三十六〈類書類二〉：「是編乃其類事之書。……皆博物之學，故曰『格致』。又每物必溯其本始，略如事物紀原，故曰『鏡原』也。其採擷極博，而編次具有條理。……其書爲康熙戊子丁亥間，元龍歸養時所作。後官廣西巡撫，乃刊行之於粤中云。」

〔9〕《大学衍義》：宋眞德秀撰，凡四十三卷。《四庫全書總目提要》卷一九十二〈儒家類二〉：「是書因《大學》之義而推衍之。」明邱濬有《大学衍義補》。

〔10〕《古今易合》：案，《周易》一書，有今、古之爭。《漢書》卷三十〈藝文志〉：「易經十二篇，施、孟、梁丘三家。」又云：「漢興，田和〔何〕傳之。訖於宣、元，有施、孟、梁丘、京氏列於學官，而民間有費、高二家之說。」故而，依據漢代傳經體系，「漢初田何所傳的施、孟、梁丘三家之《易》，都屬於今文；而出於民間的費氏《易》，屬於古文」。古、今《易》的區別在於，「凡漢魏以後分割傳文使之與經文相合，即所謂『分經合傳』

者，謂之『今易』；而經和傳各自成篇，力求恢復《漢志》十二篇之原貌，即所謂『分經異傳』者，則謂之『古易』」。見徐儒宗：〈《周易》經傳分合考〉，載劉大鈞總主編：《百年易學菁華集成初編·〈周易〉經傳（貳）》，上海：上海科學技術文獻出版社 2010 年版，第 561 頁。

據此，此處「書單」所謂《古今易合》者，或應指古、今二《易》之集合。《明史》卷九十六〈藝文志一〉載有陳鳳梧《集定古易》十二卷；楊時喬《周易古今文全書》二十一卷；鄧伯羔《古易詮》二十九卷，《今易詮》二十四卷。另，《四庫全書總目提要》卷七〈易類存目一〉存浙江吳玉墀家藏本明鄧伯羔撰《今易詮》二十四卷，并言及：「朱彝尊《經義考》載其《古易詮》二十九卷，《今易詮》二十四卷。……《經義考》又載史孟麟〈序〉云：『先是輯今人言爲《今述》若干卷，藏於家。茲乃裒古今人言及己所論著，合爲一帙，命曰《易詮》』。此本但有《今易詮》，非完帙矣。」

〔11〕《臞仙文譜》：明朱權著，凡八卷。《明史》卷一百一十七〈寧王權〉：「〔朱〕權日與文學士相往還，託志翀舉，自號『臞仙』。嘗奉敕輯《通鑑博論》二卷，又作《家訓》六篇，《寧國儀範》七十四章，《漢唐祕史》二卷，《史斷》一卷，《文譜》八卷。」《明史·藝文志》亦在其名下載明「《臞仙文譜》八卷」，入文史類。《百川書志》載曰：「國朝涵虛子臞仙著，共九十九體。」該書屬韻譜類，可參見葉明花、蔣力生：〈寧王朱權著作分類述錄〉，《江西中醫學院學報》2009 年第 6 期，第 20 頁；李焯然：〈寧王朱權及其《通鑑博論》〉，載李焯然等主編：《趙令揚教授上庠講學五十周年紀念論文集》，香港：中華書局（香港）有限公司 2015 年版，第 116 頁。

〔12〕《瑞雲錄》：黃葉山房主人著，約成書於嘉慶九年（1804 年），今未見。參見岳立松：《晚清狹邪文學與京滬文化研究》，上海：上海古籍出版社 2013 年版，第 64 頁。鄧之誠輯《骨董瑣記》（《民國叢書》，上海：上海書店 1996 年版）卷七〈燕蘭小譜〉：「繼《小譜》而作者，尚有《瑞雲錄》，惜未見傳本。」

關於作者「黃葉山房主人」，當爲「施文渠」。阮元《兩浙輶軒錄》卷三十三：「施文渠，字蓼懷，號春塈，錢塘人，清江閘官，著《黃葉山房詩》。」又，潘光旦譯註《性心理學》，附錄中提及黃葉山房主人之《瑞靈錄》，寫作或梓行年份爲「嘉慶九年」，應即《瑞雲錄》，蓋「靈」、「雲」二字形近也。見靄理士：《性心理學》，潘光旦譯註，北京：生活·讀書·新知三聯

書店 1987 年版，第 542 頁。後亦有正作「《瑞雲錄》」之版本，見靄理士：
《性心理學》，潘光旦譯註，上海：上海三聯書店 2006 年版，第 357 頁。

〔13〕「《瑞雲錄》，二本」條，該條及其下「燕蘭小谱」、「姓氏谱」、「六才子書」、
「福惠全書」共五條，均較其他條目墨跡較爲淺淡，字形亦稍嫌侷促，據
墨跡斷，似爲後加條目。

〔14〕《國语》：託名左丘明著，凡二十一卷。《四庫全書總目提要》卷五十一〈雜
史類〉：「《國語》出自何人，說者不一，然終以漢人所說爲近古。所記之
事，與《左傳》俱迄智伯之亡，時代亦復相合。」

〔15〕《廿一史约编》：鄭元慶撰，不分卷，計一百三十九篇，分金、石、絲、
竹、匏、土、革、木八部，於康熙三十五年（1696 年）輯成。參見明文
書局編：《中國史學史辭典》，臺北：明文書局 1986 年版，第 26 頁。是書
乃摘錄舊史而成，清代梓行甚廣，版本眾多。

〔16〕《史记論文》：吳見思著，凡一百三十卷，康熙二十六年（1687 年）首刊，
流布頗廣。北京國家圖書館藏康熙刻本有 12 冊、24 冊、9 冊、10 冊、20
冊，計五種。另有刻本多種存世。此處「書單」所列爲「十本」。關於是
書及其版本，參見張富春：《[清]吳見思〈史記論文〉研究》，成都：巴蜀
書社 2008 年版，第 13～15 頁。

〔17〕《燕蘭小谱》：吳長元撰，署「西湖安樂山樵」撰，凡五卷，成書於乾隆五
十年（1785 年）。該書乃「戲曲人物志」，其〈弁言〉云，錄清代京都名伶，
「共得六十四人，計詩百三十八首；又雜咏、佚事、傳聞，共五十首」。關
於該書，參見趙傳仁、鮑延毅、葛增福主編：《中國書名釋義大辭典》，濟
南：山東友誼出版社 2007 年版，第 1199 頁；王稼句：〈《燕蘭小譜》及其
作者〉，載氏著《看雲小集》，太原：三晉出版社 2009 年版，第 94～100
頁。

〔18〕《试律彙鈔》：案，「試律」，即「試帖詩」。書有《同館試律彙鈔》，法式善
等輯，凡二十四卷，乾隆五十一年（1786 年）刊刻。《販書偶記續編》卷
十九〈總集類·課集之屬〉：「清蕪湖韋謙恒、南匯吳省欽同輯，蒙古法式
善編，乾隆丙午刊。」見孫殿起錄：《販書偶記續編》，上海：上海古籍出
版社 1980 年版，第 315 頁。另有《補鈔》、《續鈔》各一卷。著錄亦見中國
科學院圖書館編：《中國科學院圖書館藏中文古籍善本書目》，北京：科學
出版社 1994 年版，第 386 頁。

〔19〕《唐诗合選》：劉文蔚編選，全名原爲《唐詩合選詳解》，凡十二卷，亦有稱
八卷者，收詩三百六十八首，各體皆備，分體編排。此書係通俗讀本，流
布甚廣。作者約生活於乾隆、嘉慶年間，是書成於乾隆年間，有同治七年
（1868 年）刻本。參見傅璇琮、羅聯添主編，閻琦卷主編：《唐代文學研
究論著集成》（第三卷），西安：三秦出版社 2004 年版，第 195～196 頁；
錢種聯等主編：《中國文學大辭典》，上海：上海辭書出版社 2000 年版，第
365 頁；傅璇琮等主編：《中國詩學大辭典》，杭州：浙江教育出版社 1999
年版，第 1318 頁。

〔20〕《寄嶽雲齋》：聶銑敏著，《寄嶽雲齋初稿》凡十卷，補遺一卷。作者爲嘉
慶十年（1805 年）進士，是書有嘉慶十二年（1807 年）文德堂刻本，嘉
慶十四年（1809 年）積秀堂刻本。參見尋霖、龔篤清編著：《湘人著述表》
（二），長沙：嶽麓書社 2009 年版，第 899～900 頁。

〔21〕《曝書亭诗註》：楊謙撰，凡二十二卷，年譜一卷，有乾隆年間木山閣刊
本。參見傅璇琮總主編：《中國古代詩文名著提要》（明清卷），石家莊：
河北教育出版社 2009 年版，第 273 頁。著錄亦見《書目答問斠補》：「《曝
書亭詩註》二十三卷，朱彝尊，楊謙註，嘉慶五年刻本。」參見葉德輝：
《書目答問斠補》，載張之洞著，陳居淵編，朱維錚校：《書目答問二種》，
上海：中西書局 2012 年版，第 358 頁。

〔22〕《菁華錄箋註》：案，丁福保輯有《八代詩菁華錄箋註》，凡四卷。著錄見
饒國慶等編：《伏跗室藏書目錄》，寧波：寧波出版社 2003 年版，第 460
～461 頁。是書有上海文明書局 1916 年刊本，共一函二冊。此外，又有
金榮箋註之《漁洋山人精華錄箋註》，凡十二卷。是書爲王士禛詩選集，
其註始經營於康熙庚寅（1710 年），成書於雍正甲寅（1734 年），歷凡二
十餘年，有金氏鳳翔堂刻本，又有補遺一卷、年譜一卷、附錄一卷。參
見傅璇琮等主編：《中國詩學大辭典》，第 1422～1423 頁；翁長松：《清代
版本敘錄》，上海：上海遠東出版社 2015 年版，第 69 頁。
此處「書單」僅簡言「菁華錄箋註」，未審所指爲何。據以上，《八代詩菁
華錄箋註》年代太晚且卷數較少，似不符書名後所標記之「十三」；而《漁
洋山人精華錄箋註》年代與「書單」其他書籍相近，且卷數或相吻合（十
二卷加補遺一卷），或爲所指。「菁華」亦作「精華」也。是書現存者有十
二冊、十冊本等。著錄見香港中文大學圖書館編：《香港中文大學圖書館古

籍善本書錄》（增訂版），香港：中文大學出版社 2001 年版，第 256 頁。

〔23〕《別裁集》：案，《別裁集》因杜甫〈戲爲六絕句〉之「別裁僞體親風雅」
句，故名「別裁」。「書單」中之《別裁集》所指不詳。沈德潛編有《唐詩
別裁集》二十卷、《明詩別裁集》（與周準合編）十二卷，及《國朝詩別裁
集》（原選本三十六卷，後重鐫爲三十二卷）。另有張景星、姚培謙、王永
琪編選之《宋詩別裁集》（原名《宋詩百一鈔》）八卷，及《元詩別裁集》
（原名《元詩百一鈔》）八卷。參見曾棗莊：《中國古代文體學》（上），上
海：上海人民出版社、上海書店出版社 2012 年版，第 799～800 頁。

〔24〕《宋十五家》：案，陳訏編有《宋十五家詩選》十六卷。《四庫全書總目提
要》卷一九十四〈總集類存目四〉：「十五家者：梅堯臣、歐陽修、曾鞏、
王安石、蘇軾、蘇轍、黃庭堅、范成大、陸游、楊萬里、王十朋、朱子、
高翥、方岳、文天祥也。每集各繫小傳及前人詩話，而以己所評論附焉。」
有康熙五十六年（1717 年）原刻本。參見汪湧豪、駱玉明編：《中國詩學》
（第三卷），上海：東方出版中心 2008 年版，第 92 頁。

〔25〕《忠雅堂集》：蔣士銓著，是書乃其詩文集，凡四十三卷，有手稿本存世。
《忠雅堂集》「一刻於京師，再刻於揚州，皆在身後」（尙鎔《三家詩話》），
今存嘉慶三年（1798 年）揚州刊本三十一卷。參見汪湧豪等編：《中國詩
學》（第三卷），第 298～299 頁。

〔26〕《滹南诗話》：金王若虛著，凡三卷，亦有稱二卷者。參見錢種聯等主編：
《中國文學大辭典》，第 1795 頁；陳伯海、朱易安編：《唐詩書目總錄》
（下），上海：上海古籍出版社 2015 年版，第 981 頁。

〔27〕《随缘诗話》：案，《隨緣詩話》，或即《隨園詩話》。袁枚著，凡十六卷，
補遺十卷。有乾隆五十五年小倉山房自刻本。著錄見陳伯海、朱易安編：《唐
詩書目總錄》，第 1009 頁。

〔28〕《古诗发源》：案，沈德潛編有《古詩源》十四卷。編者〈序〉言：「詩至
有唐爲極盛，然詩之盛，非詩之源也。……唐以前之詩，崑崙以降之水
也。……則唐詩者，宋元之上流，而古詩者，又唐人之發源也。」由是得
名《古詩源》。「古詩發源」者，或亦由此。《古詩源》，參見趙傳仁等主編：
《中國書名釋義大辭典》，第 246 頁。

〔29〕《温李合集》：案，「溫李」爲溫庭筠、李商隱之合稱，「二人詩風均承六朝
餘習，色彩穠麗，筆調柔婉，故並稱」。參見何寶民主編：《中國詩詞曲賦

辭典》，鄭州：大象出版社 1997 年版，第 268 頁。「書單」之「溫李合集」，
當爲二者詩之合集。查有陳堢所選之《溫李二家詩集》二卷，有康熙四十
一年（1702 年）秀水陳氏駿惠堂刻本。參見孫琴安：《唐詩選本六百種提
要》，西安：陝西人民教育出版社 1980 年版，第 332～333 頁。

〔30〕《诗法度針》：徐文弻輯撰，分上中下三集，凡十卷。成書於乾隆二十三年
（1758 年）前，「爲作者於府學教授詩學之課本」。是書版本眾多，有乾隆
二十三年五美堂刊本，乾隆三十六年謙牧堂重刊本等，又有八集三十四卷
本等。參見傅璇琮總主編：《中國古代詩文名著提要》（詩文評卷），第 387
～388 頁。

〔31〕《读杜心解》：浦起龍撰，凡六卷，有雍正二年（1724 年）至三年浦氏寧我
齋刻本。參見陳伯海、朱易安編：《唐詩書目總錄》（上），第 447 頁。

〔32〕《太白文集》：案，王琦輯註有《李太白文集》三十二卷，亦有三十六卷本。
存乾隆寶笏樓刻本及二十五年（1760 年）增刻本。參見陳伯海、朱易安編：
《唐詩書目總錄》（上），第 395 頁。

〔33〕《杜诗详註》：仇兆鰲註，凡二十四卷，存康熙三十二年（1693 年）仇氏進
呈寫本；又有二十五卷本（詩二十三卷，賦、表等雜著二卷），有康熙四十
二年（1703 年）刻本等。參見陳伯海、朱易安編：《唐詩書目總錄》（上），
第 444 頁。

〔34〕《佩文诗韻》：張玉書等編，凡五卷，乃《佩文韻府》之節縮本，有康熙
年間禮部官刻本，道光四年（1824 年）刻本等。參見李新魁、麥耘：《韻
學古籍述要》，西安：陝西人民出版社 1993 年版，第 135 頁；王英明編著：
《古漢語書目指南》，濟南：齊魯書社 1988 年版，第 239～240 頁。

〔35〕《声调谱》：趙執信撰，凡一卷，或依據前譜、後譜、續譜分爲三卷。有乾
隆間盧氏雅雨堂刻本。參見汪湧豪等編：《中國詩學》（第三卷），第 410～
412 頁；陳海燕主編：《過雲樓藏書書目圖錄》，南京：鳳凰出版社 2014 年
版，第 19 頁。

〔36〕同，原抄本該字墨色略有塗抹。○《韵字辨同》：彭元瑞編，翁方綱補校，
凡五卷。是書實爲《佩文韻府》之又音異讀表，專爲試場服務。有乾隆三
十年（1765 年）羊城試署刊本（二冊一函），及道光甲申年（1824 年）謝
啟昆重校本。參見李新魁等：《韻學古籍述要》，第 453 頁。著錄見中國科
學院圖書館編：《中國科學院圖書館藏中文古籍善本書目》，第 67 頁。

〔37〕三，原抄本「三」字下兩橫相近，未審或爲「二」字。

〔38〕《板橋诗集》：鄭燮著，作者自書付刻有《板橋詩集》二卷。參見李叢芹：《漢字與中國設計》，北京：榮寶齋出版社 2007 年版，第 162～163 頁。又，「書單」中錄《板橋詩集》「四本」，亦見於其他記載。1902 年 3 月 17 日（二月初八），「魯迅從紹興抵南京，給周作人帶來的書甚多，其中有……《板橋詩集》四本」。見張菊香、張鐵榮編著：《周作人年譜》，天津：天津人民出版社 2000 年版，第 42 頁。

〔39〕《性理集解》：案，《性理集解》有多種，「書單」所指不明。明黃克纘撰有《性理集解》，著錄見泉州市圖書館編：《泉州市著述志》（上），泉州：泉州市圖書館 1997 年版，第 17～18 頁；明方豪著有《性理集解》，著錄見徐宇寧主編：《衢州簡史》，杭州：浙江人民出版社 2008 年版，第 225～226 頁；宋熊剛大有《性理集解》，參見陳國代：《朱子學關涉人物裒輯——拱辰集》，北京：大眾文藝出版社 2008 年版，第 606～607 頁。另，尚有《五經性理集解》、《西銘性理集解》等。

〔40〕《姓氏谱》：李繩遠撰，凡六卷。《四庫全書總目提要》卷一百三十九〈類書類存目三〉：「其書雜鈔《萬姓統譜》而成，舛漏頗甚。疑其錄以備用，本非欲著書也。」

〔41〕《日下旧聞》：朱彝尊撰，凡四十二卷，分爲十三門，有康熙二十七年（1688 年）秀水朱氏六峰閣刻本。著錄參見劉延愷主編：《北京水務知識詞典》，第 441 頁。《四庫全書總目提要》卷六十八〈地理類一〉錄有《欽定日下舊聞考》：「一百二十卷。乾隆三十九年奉敕撰。因朱彝尊《日下舊聞》原本，刪繁補闕，援古證今，一一詳爲考覈，定爲此本。……千古輿圖，當以此本爲準繩矣。」

〔42〕《六才子書》：案，所謂「六才子書」，乃金聖嘆所評定之六部作品：《莊子》、《離騷》、《史記》、《杜甫詩》、《水滸傳》及《西廂記》。「書單」言共計「四本」，其體量顯非盡收上述六書，據此則或指《第六才子書》，即《西廂記》。金聖嘆評批之《西廂記》有《貫華堂第六才子書西廂記》，凡八卷，順治十三年（1656 年）貫華堂刻本。另有版本多種，著錄見王實甫原著、周錫山編著：《〈西廂記〉註釋彙評》，上海：上海人民出版社 2013 年版，第 252 頁及以下。

〔43〕《名吳传》：案，「名賢傳」多有，故未審所指。如有《臨川名賢傳》、《三立

祠名賢傳》、《閩南名賢傳》等，地方志中亦多闢有專卷。

〔44〕《悦心集》：愛新覺羅‧胤禛（雍正帝）所輯，雜鈔古今詩文名言，凡五卷。
著錄見上海圖書館編：《中國叢書綜錄》（二），上海：上海古籍出版社 1982
年版，第 1036 頁。

〔45〕通，原抄本「通」字右旁有塗寫痕跡，不成字。

〔46〕《通鑑明记》：案，應爲《通鑑明紀》，郭彥博撰，「此書爲雲貴總督李侍
堯奏繳，乾隆四十三年四月初一日奏准禁毀」。見王彬主編：《清代禁書總
述》，北京：中國書店 1999 年版，第 429 頁。

乾隆四十三年二月初三日〈雲貴總督李侍堯奏查出已禁未禁各書一併解京
摺〉所附「未禁書籍清單」載：「郭彥博《通鑑明紀》八本。卷內襃貶書法，
與欽定《明史》綱目不符。至載明季諸藩，應遵欽定條例，止書其封爵爲
某。此本直以其僭號爲稱，殊屬違謬，應請查禁。」見中國第一歷史檔案
館編：《纂修四庫全書檔案》（下），上海：上海古籍出版社 1997 年版，第
774～778 頁。

另外，書尚有《御撰資治通鑑明紀綱目》三編二十卷。

〔47〕《读书记数略》：案，應爲《讀書紀數略》，宮夢仁撰，凡五十四卷，類書，
有《四庫全書》本、《懺花庵叢書》本。參見趙傳仁等主編：《中國書名釋
義大辭典》，第 947 頁。

是書康熙年間「得旨刊行」，《四庫全書總目提要》卷一百三十六〈類書類
二〉：「國朝宮夢仁編。夢仁字定山，泰州人，康熙戊戌進士，官至福建巡
撫。康熙四十六年，聖駕南巡，夢仁方罷官里居，因恭迎六御，以此書奏
呈御覽，得旨刊行，遂並版繳進。至今存貯於內府，亦儒生之榮遇也。」

〔48〕《福惠全書》：黃六鴻撰，凡三十二卷，吏學名著，乃州縣管理從政和司法
經驗知識之彙編。其〈自序〉云：「夫是書也，乃政治之事也。」有康熙二
十三年（1684 年）敬書堂刊本。參見趙傳仁等主編：《中國書名釋義大辭
典》，第 1145～1146 頁。

〔49〕《海東札记》：朱景英著，凡四卷，每卷各兩篇，共八篇。書成於乾隆三
十七年（1772 年），乃作者兩次駐守海東所見聞之雜記。著錄見《湖湘文
庫》編輯出版委員會編：《〈湖湘文庫〉書目提要》，長沙：嶽麓書社 2013
年版，第 77 頁；中國科學院圖書館編：《〈臺灣文獻叢刊〉書目提要》，北

京：中國科學院圖書館 1981 年版，第 8〜9 頁。

〔50〕《寄園寄所寄》：趙吉士撰，凡十二卷。有康熙三十五年刻本。其他版本可參見閔寬東、陳文新、劉僖俊：《韓國所藏中國文言小說版本目錄》，武漢：武漢大學出版社 2015 年版，第 337〜338 頁。著錄見《四庫全書總目提要》卷一百三十三〈雜家類存目十〉：「是編掇諸家說部，分十二門。……所載古事十之二三，明季事十之七八。採掇頗富，而雅俗竝陳，眞偽互見，第成小說家言而已。」

〔51〕《廣博物志》：明董斯張撰，凡五十卷，有明萬曆刊本、乾隆重刻本等。諸版本可參見閔寬東等：《韓國所藏中國文言小說版本目錄》，第 168〜170 頁。

著錄見《四庫全書總目提要》卷一百三十六〈類書類二〉：「晉張華《博物志》世所傳本，眞偽相淆，簡略亦甚。南宋李石嘗續其書。雖旁摭新文，尚因仍舊目。斯張從而廣之，遂全改華之體例，變爲分門隸事之書。凡分大目二十有二，子目一百六十有七。所載始於《三墳》，迄於隋代，詳略互見，未能首尾賅貫。其徵引諸書，皆標列原名，綴於每條之末，體例較善。」

〔52〕《小蒼山房尺牘》：袁枚著，凡十卷，初刻本爲六卷，作者晚年增補至十卷，書信集，題名《小倉山房尺牘》。有乾隆五十四年刻本二冊。此處「書單」亦稱「二本」。參見王英志：《袁枚評傳》，南京：南京大學出版社 2002 年版，第 299 頁。著錄見山西大學圖書館編：《山西大學圖書館線裝書目錄》，太原：山西古籍出版社 2002 年版，第 178 頁。

〔53〕《濂溪夫子志》：案，周敦頤號濂溪，又稱濂溪先生，其作品輯爲《濂溪志》。現存版本多種，多題名《濂溪志》，另有周誥版《濂溪遺芳集》、彭玉麟版《希賢錄》等。「書單」所列《濂溪夫子志》，或指（或據）吳大鎔版《周公濂溪周夫子志》。此本由吳大鎔、吳重鼎主修，凡十四卷，康熙二十四年（1685 年）刻印，凝翠軒藏版。是書諸版本情況，參見王晚霞：《〈濂溪志〉版本述略》，《中南大學學報》（社會科學版）2011 年第 3 期，第 121〜124 頁。

又，卷四之二〈致鈕公（八）〉有「濂溪公」之稱，可爲對照。

〔54〕《试策箋註》：檀萃著，凡四卷，有乾隆四十二年刊本，四冊。「書單」載錄

亦言「四本」。著錄見安徽省圖書館編：《安徽文獻書目》，合肥：安徽人民
出版社 1961 年版，第 320 頁。

〔55〕「《易卦私箋》，二本」條，較前後文字，該條目墨跡枯乾，字形侷促，夾
於「试策箋註」條與「貳号」之間，似爲後所添加之條目。○《易卦私箋》：
蔣衡著，凡二卷。據考，是書上、下二卷本乃其孫整理原稿而成，存嘉慶
元年（1796 年）刻本；而據高斌序其文集於乾隆六年（1741 年），謂是時
蔣氏年七十，亦提及此書，「故可以是年論」。參見潘雨廷：《讀易提要》，
上海：上海古籍出版社 2006 年版，第 364～367 頁。

〔56〕《中樞政攷》：鄂爾泰撰，凡三十二卷，乃乾隆六年奉敕撰，記述清初順治、
康熙、雍正三朝軍制規模，有乾隆官刊本。參見李澍田主編：《東北文獻辭
典》，長春：吉林文史出版社 1994 年版，第 90 頁；明文書局編：《中國史
學史辭典》，第 61 頁。

另，有《欽定中樞政考》七十二卷，明亮、納蘇泰等纂修，亦稱《續修中
樞政考》，乃繼乾隆六年所修《中樞政考》而成。依規制，需每隔十年修編
一次，故是書自嘉慶二十年（1815 年）至道光五年（1825 年）間纂成，存
道光五年兵部刻本。參見傅璇琮總主編：《續修四庫全書總目提要》，上海：
上海古籍出版社 2014 年版，第 458 頁；明文書局編：《中國史學史辭典》，
第 566 頁。關於此書，另可參見張晉藩主編：《中華法學大辭典·法律史學
卷》，北京：中國檢察出版社 1999 年版，第 313 頁。

〔57〕《说文偏旁攷》：吳照撰，凡二卷，有乾隆五十一年南城吳氏聽雨齋刊本，
二冊。著錄見董希謙、張啓煥主編：《許慎與〈說文解字〉研究》，開封：
河南大學出版社 1988 年版，第 211 頁。

〔58〕《宣和画谱》：宋代宣和內府編撰，或云作者不詳，凡二十卷，收錄魏晉至
北宋畫家二百三十一人，著錄繪畫作品六千三百九十六軸。參見蔣義海主
編：《中國畫知識大辭典》，南京：東南大學出版社 2015 年版，第 579 頁；
朱立元主編：《美學大辭典》，上海：上海辭書出版社 2010 年版，第 351
頁。

著錄見《四庫全書總目提要》卷一百一十二〈藝術類一〉：「不著撰人名氏。
記宋徽宗朝內府所藏諸畫，前有宣和庚子御製序。然序中稱今天子云云，
乃類臣子之頌詞，疑標題誤也。」

〔59〕《说铃前集》：吳震方輯，凡三十四種。彙輯清初諸人所作之聞錄、日記、

筆記、遊記、雜錄等。有康熙四十四年（1705 年）至康熙五十一年（1712 年）刻本，十冊；道光五年聚秀堂刊本等。參見韋力：《魯迅古籍藏書漫談》（下卷），福州：福建教育出版社 2006 年版，第 539～540 頁。著錄見羅振玉：《雪堂類稿·長物簿錄（二）》，瀋陽：遼寧教育出版社 2003 年版，第 997 頁，言《說鈴前集》三十九卷，《後集》二十七卷。

〔60〕《南華經解》：案，有宣穎撰《南華經解》內外篇三十卷，刊印於康熙六十年（1721 年）。著錄見吳格、眭駿整理：《續修四庫全書總目提要·叢書部》，北京：北京圖書館出版社 2010 年版，第 320 頁；參見方勇：《莊子學史》（第三冊），北京：人民出版社 2008 年版，第 127 頁。

另，有方潛評述《南華經解》內、外、雜三篇，有光緒二十二年丙申（1896 年）桐城方氏刻本；徐廷槐撰清刻本《南華經解》。參見方勇：《莊子學史》（第三冊），第 184 頁；劉建國編：《中國哲學史史料學概要》，長春：吉林人民出版社 1983 年版，第 182 頁。

〔61〕《遺像題词》：案，有溫文簡公（達）《遺像題詞》六卷，康熙五十四年（1715 年），溫達子為其父作遺像，並纂瞻仰之題詞為《遺像題詞》。參見馬子木：《清代大學士傳稿（1636～1795）》，濟南：山東教育出版社 2013 年版，第 198～199 頁。存康熙五十六年及五十九年（1720 年）刻本。著錄見中國古籍總目編纂委員會編：《中國古籍總目·史部》（2），上海：上海古籍出版社 2009 年版，第 739 頁。

〔62〕《篆隸字攷》：案，相類者存周靖撰《篆隸考異》二卷，著錄於《四庫全書總目提要》卷四十一〈小學類二〉：「是書辨別篆隸同異，用意與張有《復古編》相類。……其書未有刊版，此本為康熙丙辰長洲文倉所手錄。」又，存日本空海撰《篆隸字書》三十卷，又名《篆隸萬象名義》。參見呂浩：《〈篆隸萬象名義〉研究》，上海：上海古籍出版社 2006 年版，第 27 頁。

〔63〕《印谱》：案，「印譜」乃指輯集印章之專書，世所多有，未審「書單」之「印譜」所指為何種。據統計，明代自《顧氏集古印譜》以降，刊刻印譜近八十種，洎至民國間，「則較客觀的印譜，大致有 1200 種」。清代印譜，且書名中有「印譜」二字者，有如順治十八年（1661 年）無名氏之《漢銅印譜》，康熙二十三年吳觀均輯《稽古齋印譜》等。參見趙芳編著：《中國古代篆刻》，北京：中國商業出版社 2015 年版，第 136 頁及以下。

〔64〕□，原抄本該處其下有蟲蛀，缺失。上下文此處均為「本」或「套」字。

據文意，或應爲「本」字。

〔65〕《荀子》：荀況著，凡二十卷，今存三十二篇。

〔66〕《廣輿集》：案，《廣輿集》者，查乾隆四十六年六月初十日〈直隸總督袁守侗奏彙繳應禁書籍情形摺〉所附「查出違禁書目」之清單有載：「《廣輿集》一部，十二本，全。四部，共二十二本，不全。明蔡文炳輯。」又，乾隆四十六年二月三十日〈山東巡撫國泰奏繳應燬違礙書籍板片摺〉所附「查繳各省咨會應燬書目清單」載：「《廣輿記》係蔡方炳增輯。計四部，四十六本。又一部，不全，十一本。」以上二則，分見中國第一歷史檔案館編：《纂修四庫全書檔案》（下），第 1366，1304 頁。

據以上材料，《廣輿集》全本一部應爲十二本，記載爲蔡文炳輯；而《廣輿記》全本一部亦應爲十二本（四部全則四十六本），爲蔡方炳輯。故所謂《廣輿集》應即《廣輿記》，而「蔡方炳」當訛作「蔡文炳」，以「方」、「文」形近也。另外，此書單《廣輿集》後亦載明「十二」，應是指一部十二本。

著錄見《四庫全書總目提要》卷七十二〈地理類存目一〉：「《增訂廣輿記》兩江總督採進本二十四卷。國朝蔡方炳撰。方炳字九霞，號息關，崑山人，明山西巡撫懋德之子也。是編因明陸應暘《廣輿記》，而稍刪補之。大抵鈔撮《明一統志》，無所考正。自列其父於『人物』中，亦乖體例。懋德不愧於人物，宜待天下後世記之，不可出自方炳。方炳自作家傳，亦無不可，特不可載於輿記也。」

〔67〕先，應爲「洗」。

〔68〕《先冤錄》：宋宋慈撰，凡二卷。被認爲法醫巨著，著錄見《四庫全書總目提要》卷一百零一〈法家類存目〉：「是書自序題淳祐丁未，結銜題朝散大夫，新除直祕閣，湖南提刑，充大使行府參議官。序中稱，四權臬司，於獄案審之又審。博採近世諸書。自《內恕錄》以下凡數家，薈萃釐正，增以己見爲一編，名曰《洗冤集錄》，刊於湖南憲治。後來檢驗諸書，大抵以是爲藍本。而遞相考究，互有增損，則不及後來之密也。」

〔69〕錢，原抄本該字之字形有別正體，類似於「夂」。關於「錢」字之俗字，可參見劉復共、李家瑞編：《宋元以來俗字譜》，北平：歷史語言研究所 1930 年版，第 97 頁。

〔70〕《錢穀備要》：王又槐輯著，凡十卷，有乾隆五十八年（1793 年）刊本。是
　　　書輯錄清乾隆時期有關錢糧徵收之條規事例，道光以來多有翻刻，流傳甚
　　　廣。參見張晉藩主編：《中華法學大辭典・法律史學卷》，第 313 頁。

〔71〕《刑部駁案》：案，丁人可輯有《刑部駁案彙鈔》，凡八卷。是書彙集乾隆元
　　　年至二十七年（1736～1762 年）駁案二百五十一件，有乾隆甲申年（1764
　　　年）刊本。另有清抄本《選錄刑部駁案》，撰者不詳。二書著錄分見張晉藩
　　　主編：《清代律學名著選介》，北京：中國政法大學出版社 2009 年版，第
　　　618、617 頁，另可參見第 558 頁。

〔72〕辨，應爲「辦」，二字形近易訛。

〔73〕《辦案要畧》：案，《辦案要畧》，王又槐著，共十四篇，一冊，一卷。「書
　　　單」註明亦爲「一本」。成書於乾隆年間，有光緒十八年（1892 年）浙江
　　　書局刊本。參見潘慶雲：《中國法律語言鑒衡》，上海：漢語大詞典出版社
　　　2004 年版，第 82 頁；鄒瑜、顧明主編：《法學大辭典》，北京：中國政法
　　　大學出版社 1991 年版，第 283 頁；張晉藩主編：《清代律學名著選介》，第
　　　559 頁。

〔74〕《治政集要》：王又槐輯，計十種，有乾隆五十九年（1794 年）刻本。包括：
　　　《六部限圖》、《中樞限圖》、《刺字彙纂》、《秋審章程》、《題奏咨事件》、《簡
　　　明做法》、《考成章程》、《申詳成規》、《辦案要畧》、《三流表圖》。著錄見中
　　　國古籍總目編纂委員會編：《中國古籍總目・史部》（6），第 3136 頁。

〔75〕《則例便览》：沈書城輯，凡四十九卷，有乾隆五十六年（1791 年）巾箱本，
　　　十冊一函。著錄見中國科學院圖書館編：《中國科學院圖書館藏中文古籍善
　　　本書目》，第 153 頁。

〔76〕《刑錢必览》：王又槐撰，凡十卷，有乾隆五十八年（1793 年）刻本，四
　　　冊。「書單」所載即是「四本」，與之同。另有嘉慶十九年（1814 年）刊
　　　本。二版本著錄分見王鍾翰：〈清代各部署則例經眼錄〉，載氏著《王鍾翰
　　　清史論集》（第 3 冊），北京：中華書局 2004 年版，第 1876 頁；張晉藩主
　　　編：《清代律學名著選介》，第 611 頁。

〔77〕《畫谱》：案，此處四部之「畫谱」亦無具體所指，如前有六本之《宣和畫
　　　谱》。舉例如，清康熙年有《芥子園畫谱》，凡四卷，覆刻多次，傳布甚廣。
　　　又如鄒一桂有《小山畫谱》二卷。

又，若僅以「畫譜」爲題名，則有石濤之《畫譜》，存大滌堂刻本，篇前有康熙四十九年（1710 年）之序言。參見黃蘭波：〈《畫譜》爲《畫語錄》最後定本說商榷〉，載陳國平：《石濤》（下），南寧：廣西美術出版社 2014 年版，第 376～378 頁。關於《畫譜》圖影，參見上書第 291 頁及以下。

〔78〕《字帖》：案，「字帖」乃習字之臨摹範本，具體所指不確。

〔79〕本，原抄本該字處有蟲蛀，據文意應爲「本」。

〔80〕《草字彙》：石梁輯，不分卷，以十二地支分爲十二集，成書於乾隆五十二年（1787 年）。參見中國文物學會專家委員會編：《中國文物大辭典》（上），北京：中央編譯出版社 2008 年版，第 562 頁。

〔81〕《雜帖》：案，「雜帖」乃書信之一種，所談者生活瑣事，所用亦爲日常語言，信筆而書，簡娟有味。此處「雜帖」亦無確指，有王羲之《雜帖》存。參見劉小喬編著：《魚雁尺牘——古代書信集錦》，合肥：黃山書社 2015 年版，第 112～114 頁；譚邦和主編：《雲中錦書：歷代尺牘小品》，武漢：崇文書局 2016 年版，第 146～148 頁。

〔82〕塔：量詞，猶塊、片。

〔83〕《畫禪室隨筆》：明董其昌著，凡四卷。是書係康熙五十九年楊無補輯錄，有《四庫全書》本、《筆記小說大觀》本、《清瘦閣讀畫十八種》本等。參見蔣義海主編：《中國畫知識大辭典》，第 581 頁；朱立元主編：《美學大辭典》（修訂本），上海：上海辭書出版社 2014 年版，第 360 頁。

著錄見《四庫全書總目提要》卷一百二十二〈雜家類六〉：「是編第一卷論書，第二卷論畫，中多微理，由其昌於斯事，積畢生之力爲之，所解悟深也。第三卷分紀遊、記事、評詩、評文四子部。……四卷亦分子部四：一曰雜言上、一曰雜言下，皆小品閒文，然多可採；一曰楚中隨筆，其冊封楚王時所作；一曰禪悅大旨，乃以李贄爲宗。明季士大夫，所見往往如是，不足深詰，視爲蝍蛆之過耳可矣。」

〔84〕目，該字應爲墨點無意遮去，故原抄本在其右旁打有「△」記號。在該條書名之上天頭處，加寫有「△目」二字，意即註明加「△」標記處字應爲「目」。又，仔細觀察該墨跡遮掩處，其下隱約亦有「目」字，可相證明。

〔85〕《抄二王目錄》：案，有《臨江二王帖目錄評釋》鈔本，一卷，不著撰人姓名。是帖乃採集各帖而成，一一註所自出。參見羅振玉：《雪堂類稿·筆記

彙刊》，第 280～281 頁。

又，有宋許開《二王帖目錄評釋》，三卷，「取羲、獻之書，散於各帖者，彙而合之，附諸家評釋於逐條後」。參見錢曾：《讀書敏求記》，北京：書目文獻出版社 1984 年版，第 24 頁。

〔86〕《阳宅都天滾盤珠》：汪源著，一冊，乾隆戊申年（1788 年）版。「書單」所註亦是「一本」。屬「宅法」類。著錄見一丁、雨露、洪湧編：《中國古代風水與建築選址》，石家莊：河北科學技術出版社 1996 年版，第 306 頁。

〔87〕《穴法分受》：黃越撰，凡三卷，有清康熙同德堂刻本。八冊，與《天於經註》七卷、《經說》七卷合。「書單」所註亦是「八本」。著錄見北京大學圖書館編：《北京大學圖書館藏李氏書目・子部》（中），北京：北京大學圖書館 1957 年版，第 78 頁。

〔88〕《司馬旧遊》：案，明胡應麟《投贈督學滕公三十八韻》有「陸機曾入洛，司馬舊遊梁」句，言司馬相如客遊梁之故事。又，明李東陽《李貫道學士挽詩》有「司馬舊遊題柱晚，子瞻新命攬衣忙」句。「書單」言「三本」之書者，並未查獲。

〔89〕《三白寶海》：元釋幕講撰，凡三卷。收於明江之棟編三十二卷《陰陽五要奇書》，有清刻本。著錄見中國科學院圖書館編：《中國科學院圖書館藏中文古籍善本書目》，第 272～273 頁。

〔90〕《地理錄要》：蔣平（大鴻）著，于楷編，四冊，成書於明末清初，有嘉慶七年（1802 年）版。屬「理氣」類。著錄見一丁等編：《中國古代風水與建築選址》，第 305 頁；余同元：《傳統工匠現代轉型研究——以江南早期工業化中工匠技術轉型與角色轉換爲中心》，天津：天津古籍出版社 2010 年版，第 108 頁。

〔91〕「全」字前，原抄本該處有「偏」字，其上有劃痕劃去，故刪去。○《神相全》：案，或應爲《神相全編》。前「偏」或當爲「編」。題宋陳摶撰，凡三卷。著錄見北京大學圖書館編：《北京大學圖書館藏李氏書目・子部》（中），第 83 頁。

〔92〕《脉要図經》：案，查有賀昇平編著之《脈要圖註》，又名《脈要圖註詳解》，凡四卷，成書於乾隆四十八年（1783 年）。參見陳榮、熊墨年、何曉暉主編：《中醫文獻》（下冊），北京：中醫古籍出版社 2007 年版，第 916 頁。

〔93〕《地理五诀》：趙廷棟（玉材）著，六冊，乾隆五十一年版。「書單」所註亦是「六本」。屬「理氣」類。著錄見一丁等編：《中國古代風水與建築選址》，第 304 頁。

〔94〕《羅經秘竅》：明甘霖著，六冊，有崇禎元年（1628 年）版。屬「羅經」類。著錄見一丁等編：《中國古代風水與建築選址》，第 307 頁。

〔95〕《卜法详考》：胡煦撰，凡四卷。著錄見《四庫全書總目提要》卷一百零九〈術數類二〉：「蓋古占法之傳於今，與今占法之不悖於理者，大略已具於此。雖非周官太卜之舊，然較之卜肆鄙俚之本，則具有條理。其駁唐李華、明季本、楊時喬卜用生龜之說，亦極爲明析。存此一家，亦可以見古人鑽灼之梗概也。」

〔96〕《周易函书》：胡煦撰，今存五十二卷，原分「正集」、「續集」、「別集」，後經作者本人及其子胡季堂刪定，而成今本《周易函書》。乾隆三十七年徵詔收入《四庫全書》。「書單」亦言書共「三套」。參見庾滌誠：《胡煦易學研究》，吉隆坡：南大教育與研究基金會 2007 年版，第 6～9 頁。

《四庫全書總目提要》卷六〈易類六〉著錄有《周易函書約存》十八卷、《約注》十八卷、《別集》十六卷：「是書原本一百十八卷。……五十二卷，即此本也。煦研思易理，平生精力，盡在此書。」

〔97〕《数理精详》：案，是書見於鄒伯奇與孔繼藩合作重校《數理精詳》事蹟，並於同治十年（1871 年）在學海堂刊刻。既云「重校」者，當是先前已有是書流傳。事蹟參見王維：《百科全書式的學者：鄒伯奇》，廣州：廣東人民出版社 2007 年版，第 15 頁；廣東省南海市政協文史和學習委員會、中共廣東省南海市黃岐區委宣傳辦編：《近代科技先驅鄒伯奇》，南海：廣東省南海市政協文史和學習委員會、中共廣東省南海市黃岐區委宣傳辦 2002 年版，第 218 頁。另，有康熙年間《御製數理精蘊》及乾隆年間《數學精詳》。

又，文廷式之〈丙子日記〉（二）記載有《數理精詳》書：「看《數理精詳》十餘頁。」且其日記並列《數理精蘊》、《數學精詳》與《數理精詳》三書，但前後多次提及《數理精蘊》與《數學精詳》二書，僅其中一處寫爲《數理精詳》，或係訛誤亦未可知。參見汪叔子編：《文廷式集》（下冊），北京：中華書局 1993 年版，第 1080 頁。

〔98〕《一化元宗》：明高時明輯，共十二集、五十三種、六十卷，有明天啓四

年（1624 年）刻、崇禎十五年（1642 年）補修本。而「書單」所註爲「一本」，所指似非煌煌六十卷之《一化元宗》。查其中，亦有名爲《一化元宗指要》者一卷，爲明高時明撰，或是所指。著錄見中國科學院圖書館編：《中國科學院圖書館藏中文古籍善本書目》，第 347～348 頁。

〔99〕「《五行修図》、《張仙墨刻》」條，原抄本「五行修図」及「張仙墨刻」二條目中，「図」之右有符號「（」，「刻」字之左有符號「）」，二者類似於括號「（）」。二條目下部居中有「二張」字，當指二者共二張。○《五行修図》、《張仙墨刻》：案，張仙者，「民間傳說中又稱挾彈張仙、送子張仙，爲道教祀奉之男神，來源諸說各異」。參見姚東昇輯、周明校注：《釋神校注》，成都：巴蜀書社 2015 年版，第 107～108 頁。墨刻者，謂對書畫進行摹刻及用墨硾拓。二條目載錄均未詳。

〔100〕《清河书畫舫》：明張丑撰，成書於萬曆四十四年（1616 年）。是書原不分卷，《四庫全書》收刻時去其舊題，著爲十二卷。參見鄧喬彬：《雜綴集》，蕪湖：安徽師範大學出版社 2013 年版，第 54 頁。

著錄見《四庫全書總目提要》卷一百一十三〈藝術類二〉：「蓋丑於萬曆乙卯，得米芾《寶章待訪錄》墨蹟，名其書室曰『寶米軒』，故以自號。越歲丙辰，是書乃成。其以《書畫舫》爲名，亦即取之黃庭堅詩『米家書畫船』句也。明代賞鑒之家，考證多疎，是編獨多所訂正。……鮑氏所刊，不分卷數。但以『鶯、嘴、啄、花、紅、溜、燕、尾、點、波、綠、皺』十二字，標爲次等。蓋用謝枋得文章軌範，以『王侯將相有種乎』七字，編爲七冊之例。然麻沙坊本，不可據爲典要。今削去舊題，以十二卷著錄焉。」

〔101〕《小蒼山房》：案，「小倉山房」爲袁枚所築之藏書樓，以「小倉山房」名其室，有以名其集。「書單」第一號中錄有《小蒼山房尺牘》。除此之外，袁枚尚有《小倉山房詩文集》八十卷。此處僅言「小蒼山房」，《詩文集》或係所指。是集分爲詩集三十七卷，文集三十五卷，外集八卷。有《四部備要》本。參見趙傳仁、鮑延毅、葛增福主編：《中國古今書名釋義辭典》，濟南：山東友誼出版社 1992 年版，第 33 頁。

〔102〕《板橋雜集》：案，有《板橋集》，鄭燮著。版本眾多，有四冊本、二冊本等。參見汪湧豪等編：《中國詩學》（第三卷），第 295～296 頁。

另，有余懷之《板橋雜記》三卷（亦有一卷本），作於康熙三十二年，存

石印本一冊。著錄見復旦大學圖書館編：《復旦大學圖書館古籍簡目初稿》
（第 5 冊・子部），上海：復旦大學圖書館 1959 年版，第 95 頁。

〔103〕《谐聲》：案，其書或指《諧聲譜》，有張惠言所撰《說文諧聲譜》，分爲
二十卷，其子成孫所補題爲《諧聲譜》，凡五十卷，成書於嘉慶十九年。
另，其後又有丁顯撰《諧聲譜》二卷，有光緒年稿本。但該書僅二卷，
而本書單《谐聲》後註「四本」，似非所指。關於《諧聲譜》，可參見王
曉楠：《〈諧聲譜〉研究》，天津師範大學 2007 年碩士學位論文。

另外，查《四庫全書總目提要》，尚載有《諧聲指南》一卷，明吳元滿撰；
及《諧聲品字箋》（無卷數），虞德升撰。

〔104〕《峃青新集》：案，有《憑山閣增輯留青新集》，陳枚輯，陳德裕增輯，凡
三十卷，康熙刻本。收於《四庫禁毀書叢刊》委員會編：《四庫禁毀書叢
刊》集部第五十四冊，北京：北京出版社 1997 年版。

〔105〕《類腋》：姚培謙輯，凡十六卷，有乾隆甲子（1744 年）刊本。著錄見盛
廣智、許華應、劉孝嚴主編：《中國古今工具書大辭典》，長春：吉林人民
出版社 1990 年版，第 1570 頁。

〔106〕《古今類傳》：董穀士、董炳文同編，凡四卷。以《古今類傳歲時部》著錄
於《四庫全書總目提要》卷六十七〈時令類存目〉：「是書前有潘耒序，稱
其兄弟共撰類書，分天、地、人、物爲四部，名曰《古今類傳》。先以『歲
時日次』一編見示，乃『天部』中之一種，然則未成之書也。」

〔107〕《錦字箋》：黃澐編，黃裕、侯文燈校，王泓修訂，凡四卷，類書。有康熙
二十八年（1689 年）刻本。參見趙傳仁等主編：《中國書名釋義大辭典》，
第 1123 頁。

〔108〕《韵府羣玉》：元陰時夫編，凡二十卷。著錄見《四庫全書總目提要》卷
一百三十五〈類書類一〉：「是押韻之書盛於元初，時夫是編，蓋即作於
是時。康熙中，河間府知府徐可先之婦謝瑛，又取其書重輯之，名《增
刪韻玉定本》。今書肆所刊皆瑛改本。此本爲大德中刊版，猶時夫原書
也。……然元代押韻之書，今皆不傳，傳者以此書爲最古。」

《採運皇木案牘》原抄本頁碼對照表

頁	面	起始文字	結尾文字	卷・篇	備　註
1	正	燈竿木三根……	……主家文起辉	附卷之二	殘，餘右上部。
	背	—	—	—	無字。
2	正	湖南物料價……	……價值及留札	—	未錄。
	背	—	—	—	無字。
3	正	湖南解京例……	……銀一錢二分	卷一之一	
	背	共領銀二十……	……架木发一錢	卷一之一	
4	正	二分橋木发……	……口小鍋一口	卷一之一／二	
	背	鍋盖二個大……	……二招用一根	卷一之二／三	
5	正	榔頭每一個……	……金溪口十里	卷一之三／四	
	背	白巖塘十里……	……名七日做成	卷一之四／五	
6	正	偏徑纜五根……	……寸鋸斷兩用	卷一之五／六	
	背	津注用松木……	……五口用櫃木	卷一之六	
7	正	大犁錨一口……	……六尺鋸兩用	卷一之六	
	背	野鳩臺用松……	……改不致欺朦	卷一之六	
8	正	簰上頭人水……	……一拨火水一	卷一之七	
	背	名打雜赏作……	……龍棹圍一条	卷一之七／八／九	
9	正	门簾一掛神……	……值係用灘尺	卷一之九／十	
	背	於五尺上圍……	……地名田椿規	卷一之十／十一	
10	正	桅木頭徑圍……	……徑三尺九寸	卷一之十一	
	背	以三九自乘……	……上打明尺寸	卷一之十一	
11	正	墨碼以便賣……	……招覊七十二	卷一之十一／十二	
	背	個錨船二隻……	……干釘卅六根	卷一之十二	
12	正	絞邊十二付……	……簰伙篷等事	卷一之十二	
	背	廠內變賣各……	……租錢五千在	卷一之十三	

13	正	關帝廟方便……	……係七五扣錢	卷一之十三／十四	
	背	段木梢每根……	……工錢一百文	卷一之十四／十五	
14	正	水火夫每日……	……再言辦酌办	卷一之十五／十六	
	背	龍江關丈量……	……=一六乘之	卷一之十六	
15	正	得丨文亠文……	……錢七分七釐	卷一之十六	
	背	又各项零柴……	……裸木□三折	卷一之十六	
16	正	以上各木或……	……家堡十五里	卷一之十六／十七	
	背	新堤十里老……	……吉陽河廿里	卷一之十七	
17	正	黃石磯卅里……	……陽鎮十五里	卷一之十七	
	背	碾子頭十里……	……廿里白洋河	卷一之十七	
18	正	十五里陸家……	……龍王廟六里	卷一之十七	
	背	南旺上閘十……	……閘池十五里	卷一之十七	
19	正	興集換夫十……	……七十五里至	卷一之十七	
	背	岳州水師營……	……一百卅里至	卷一之十七	
20	正	梁山送一百……	……江標左營汛	卷一之十七	
	背	济寧城守營……	……官汛獨遠汛	卷一之十七	
21	正	鎮標城守營……	……亦俱湏長三	卷一之十七	
	背	丈二尺五寸……	……事竣給道士	卷一之十七	
22	正	香銀两可先……	……切在內共銀	卷一之十七	
	背	一飯食銀一……	……廠軍飯食錢	卷一之十七	
23	正	一交木时宜……	……尺二錢八分	卷一之十七／十八	
	背	二尺○半寸……	……两五錢三分	卷一之十八	
24	正	三尺三寸一……	……两三錢三分	卷一之十八	
	背	四尺二寸五……	……六兩○三分	卷一之十八	
25	正	托口床丨百……	……折四分四厘	卷一之十九	
	背	錦屏縣尉湏……	……人给米一升	卷一之十九	
26	正	簰木约二萬……	……筏錢一百文	卷一之二十	
	背	每筏应用各……	……旂線十二根	卷一之二十一	
27	正	開行祭江湏……	……赏錢八十文	卷一之二十一	
	背	過宿遷關需……	……價三百餘两	卷一之二十一	
28	正	係廠軍俞士……	……一千二百文	卷一之二十一	
	背	下馬飯一桌……	……晋金陈致千	卷一之二十一	
29	正	抵湾桅段架……	……周經承代交	卷一之二十二	
	背	周經承包辦……	……○○尙志堂	卷一之二十二	
30	正	過關甘结具……	……知繳關防文	卷一之二十三／二十四	
	背	銜為申繳關……	……顆右申藩憲	卷一之二十四	
31	正	辦木條欵凡……	……桅木六根每	卷一之二十五	
	背	招计段木十……	……子俱与烟茶	卷一之二十五	

32	正	槐木合式而……	……頭巡江之話	卷一之二十五	
	背	禀藩憲爲直……	……敢復行置喙	卷二之一	
33	正	上漬憲懷然……	……圍山陡遇風	卷二之一	
	背	暴吹至舵桿……	……不独唤应不	卷二之一	
34	正	靈即该處行……	……即所在客商	卷二之一	
	背	見有好木亦……	……額之價值由	卷二之一	
35	正	来已久不但……	……節用得宜方	卷二之一	
	背	扵公務無悮……	……口德山二處	卷二之一	
36	正	扵經過商販……	……正之公務轉	卷二之一	
	背	致啓人疑慮……	……或故擾公務	卷二之一	
37	正	亦殊多未便……	……湏至摺禀者	卷二之一	
	背	—	—	卷二之一	殘，無字。
38	正	移黎平府爲……	……便湏至牒者	卷二之二	
	背	移黎平府等……	……者移常德府	卷二之三	
39	正	移常德府爲……	……根一竝上緊	卷二之四	
	背	峃心踮访務……	……等一体恪遵	卷二之四	
40	正	憲檄如遇合……	……谕托口行户	卷二之四／五	
	背	商販人等一……	……牒者移靖州	卷二之五／六／七	
41	正	等曰奉此○……	……者移常德府	卷二之七／八	
	背	等曰准此○……	……木價歴久無	卷二之八	
42	正	增而採办人……	……難容牙儈市	卷二之八	
	背	棍阻撓舞槊……	……覊延今據楊	卷二之八	
43	正	德朝所禀印……	……橋等木均闢	卷二之八／九	
	背	欽工要務例……	……贤愚不一间	卷二之九	
44	正	有刁徒串同……	……遵毋違特示	卷二之九	
	背	示爲曉谕事……	……飭查而该犯	卷二之十	
45	正	業已潜逃但……	……辛丑年解京	卷二之十／十一	
	背	皇木遵照向……	……擅至公館吵	卷二之十一	
46	正	闹将巡役打……	……遵毋違特示	卷二之十一	
	背	禀词具禀人……	……帶十七八岁	卷二之十二	
47	正	之幼童四五……	……乳两脇所受	卷二之十二	
	背	各傷已调治……	……公沾恩上禀	卷二之十二	
48	正	移錦屏捕廳……	……以及延玩阻	卷二之十三	
	背	撓致悮欽工……	……滋事竝令各	卷二之十三／十四	
49	正	地方官弹壓……	……是小的去惹	卷二之十四	
	背	他滋事的特……	……撓殊于採办	卷二之十四	
50	正	欽工重務大……	……滋撃肘業經	卷二之十四／十五	
	背	湖南撫部院……	……解不致貽误	卷二之十五	

51	正	欽工实爲公……	……府檄委錦屛	卷二之十五／十六	
	背	捕廳協办竝……	……係包攬本植	卷二之十六	
52	正	把持行市拎……	……应附请查明	卷二之十六	
	背	禁革則不独……	……另文移请差	卷二之十六／十七	
53	正	追伏查歷来……	……任意揹勒致	卷二之十七	
	背	干罪戾即商……	……竝徽臨兩帮	卷二之十七／十八	
54	正	木商及本地……	……之用遵行既	卷二之十八／十九	
	背	久歷無紊亂……	……人现在访查	卷二之十九	
55	正	拏究除已將……	……尺竝圍圓尺	卷二之十九／二十	
	背	寸俱宄有額……	……办木植關係	卷二之二十／二十一	
56	正	欽工要件而……	……特示王寨	卷二之二十一／二十二	
	背	爲再行晓谕……	……毋违特示	卷二之二十二／二十三	
57	正	爲访查拏究……	……家人莘知悉	卷二之二十三	
	背	凡外来买賣……	……內選买三根	卷二之二十三／二十四	
58	正	又山販王德……	……物人如五日	卷二之二十四	
	背	限外不送官……	……勒滋事以靖	卷二之二十四	
59	正	地方以安商……	……姓名十餘人	卷二之二十四／二十五	
	背	將蚁赶至公……	……肆嚷罵似此	卷二之二十五	
60	正	兙悪流匪毆……	……辛丑年解京	卷二之二十五／二十六	
	背	皇木曰值苗……	……照为此照仰	卷二之二十六	
61	正	该商奴執倷……	……不得为半寸	卷二之二十六	
	背	如只九分不……	……乞上砝实兑	卷二之二十六	
62	正	一该商所帶……	……桅杉木植按	卷二之二十六／二十七	
	背	照部宄長大……	……署帮办公事	卷二之二十七／二十八	
63	正	爲遵例详明……	……办辛丑年解	卷二之二十八	
	背	京桅杉木植……	……便爲此切=	卷二之二十八	
64	正	移覆長沙府……	……养廉数目亦	卷二之二十九	
	背	应开造但○……	……夫三名至闆	卷二之二十九／卷三之一	
65	正	將簰泊在白……	……色迫○再三	卷三之一	
	背	熟籌即承愾……	……將羅文松呈	卷三之一／二	
66	正	词接收押回……	……锁押勒索事	卷三之二	
	背	屬情眞曰孫……	……其殷实者许	卷三之二	
67	正	以掛至一千……	……利而去者盖	卷三之二	
	背	緣此间所過……	……假回去可也	卷三之二	
68	正	致宋公臨行……	……將餘米扣算	卷三之三	
	背	回頭米內加……	……蔣天標楊天	卷三之三／四	
69	正	佑莘一十六……	……巡役通關受	卷三之四	
	背	賄則又何敢……	……急湏議價乙	卷三之四／五	

70	正	已拎廿七由……	……徃後似覺好	卷三之五	
	背	办現鈕公精……	……萬勿生無益	卷三之五／六	
71	正	之愁即如榮……	……人不克暢领	卷三之六／七／八	
	背	槊教为恨＝……	……小蕪買庶可	卷三之八／九	
72	正	多置貨物若……	……干统望示知	卷三之九	
	背	盖宋公所交……	……姓之事办理	卷三之九／十	
73	正	甚当夗見仁……	……之大木非在	卷三之十	
	背	凱里係在卡……	……为預贺也所	卷三之十／十一	
74	正	號桅木前以……	……將来乙又恐	卷三之十一	
	背	外人不知就……	……各怀疑貳則	卷三之十一	
75	正	未免掣肘在……	……记之账或有	卷三之十一	
	背	名姓数目亦……	……駕既擬明正	卷三之十一／十二	
76	正	接寶眷至托……	……向在各處惟	卷三之十二	
	背	有認之正路……	……三年無過准	卷三之十二／十三	
77	正	其開復是此……	……二晚简尊管	卷三之十三／十四	
	背	著役送来鈞……	……三名無不聽	卷三之十四	
78	正	其號令设使……	……槃不外折價	卷三之十四	
	背	放牌鈕公前……	……用肅此佈復	卷三之十四	
79	正	所谓夫人不……	……時嘉木随春	卷三之十四／十五	
	背	茂爲慶更知……	……词故△前在	卷三之十五	
80	正	圮口所號石……	……臨風拜復並	卷三之十五／十六	
	背	倏文祉＝＝……	……自己谬抬身	卷三之十六／十七	
81	正	價使知畏惧……	……倏升祺＝＝	卷三之十七	
	背	致宋公十三……	……出亦非四百	卷三之十八	
82	正	餘金不可據……	……牢不可破及	卷三之十八	
	背	询其自帶私……	……家之习倍于	卷三之十八／十九	
83	正	卦治皆因前……	……明即將小票	卷三之十九	
	背	扣銷勿凿爲……	……沅陵縣周公	卷三之十九／二十／二十一	
84	正	歲前接奉翰……	……州買桅如果	卷三之二十一／二十二	
	背	買得十餘根……	……是禱致鈕公	卷三之二十二／二十三	
85	正	頃接手教知……	……百兩交小价	卷三之二十三	
	背	带囬若尊駕……	……獨弟處叨光	卷三之二十三／二十四	
86	正	鋪民亦無不……	……勿輕自舉行	卷三之二十四／二十五	
	背	以免後悔且……	……買平水不敢	卷三之二十五	
87	正	砍山弟明知……	……銀蕪搭應用	卷三之二十五	
	背	吾哥處務再……	……論尙湏斟酌	卷三之二十五	
88	正	盖南京贾木……	……客爲穩妥耳	卷三之二十五	
	背	一據云枀植……	……更趑敦撫軍	卷三之二十五	

89	正	在楚出一頭……	……欠公道也所	卷三之二十五	
	背	陈一切是否……	……時春水将燹	卷三之二十五／二十六	
90	正	更滇穩固祈……	……已许自新尊	卷三之二十六／二十七	
	背	駕可圖续舊……	……辦此间枋料	卷三之二十七／二十八	
91	正	獨塊者甚少……	＝率此＝＝	卷三之二十八／二十九	
	背	致鈕公十一……	……易撤子是禱	卷三之三十	
92	正	致居停十一……	……艮又免水漲	卷三之三十一	
	背	疎失似乎兩……	……便率此＝＝	卷三之三十一	
93	正	致居停十七……	……搭客庶于公	卷四之一	
	背	事有益弟現……	……無不言＝無	卷四之一／二	
94	正	不盡承其待……	……黎平府吳太	卷四之二／三	
	背	尊曰公到此……	……便採办此佈	卷四之三	
95	正	致鈕公障夫……	……恐该客添改	卷四之四	
	背	小票混過亦……	……知確否此佈	卷四之四	
96	正	致居停廿九……	……必多弟所取	卷四之五	
	背	千兩除买木……	……叚即愓堕之	卷四之五	
97	正	術盖若輩將……	……始行釋放且	卷四之五／六	
	背	闻障巡故意……	……示知致居停	卷四之六／七	
98	正	十六日奉達……	……拎梅花而忘	卷四之七／八	
	背	情朋友乎殊……	……勢今則諸事	卷四之八／九	
99	正	应手大约六……	……聽其告歸也	卷四之九	
	背	当归四匀茯……	……酒蜜为必丸	附卷之三	
100	正	復宋公许久……	……言正恐無裨	卷四之十／十一	
	背	裨公事既塵……	……竟以有票为	卷四之十一／十二	
101	正	無益而竟不……	……則更为嚴密	卷四之十二	
	背	致居停谭升……	……主家木植幾	卷四之十三	
102	正	根买過幾根……	……照票以便托	卷四之十三	
	背	口稽查免致……	……兄为據今弟	卷四之十三	
103	正	惟拎苗障所……	……祈在交代封	卷四之十三	
	背	套內尋出此……	……词捧诵之下	卷四之十三／十四	
104	正	实覺追悔靡……	……贻後悔为禱	卷四之十四／十五	
	背	致鈕公役至……	……圍圓較前兩	卷四之十六／十七	
105	正	根略大恐價……	……敢復行擾渎	卷四之十七／十八	
	背	然查史必達……	……之主家又狡	卷四之十八／十九	
106	正	诈異常非勾……	……值致滋賠累	卷四之十九	
	背	肅此瀝情專……	……上用斧记之	卷四之十九／二十	
107	正	木不随大障……	……差人赴郡请	卷四之二十	
	背	官協买彼始……	……与缔缘是以	卷四之二十／二十一	

108	正	歷此半年竟……	……大人已回公	卷四之二十一／二十二	
	背	赴省想迎新……	……俣公事然前	卷四之二十二／二十三	
109	正	此送銀来苗……	……就即帶同簰	卷四之二十三	
	背	巡赴灣簰之……	……心以致多取	卷四之二十三	
110	正	勞苦诓簰頭……	……报可也移黔	卷四之二十三	
	背	陽稿內数目……	……又到有桅木	卷四之二十三／二十四	
111	正	四根內有三……	……查崗弟已照	卷四之二十四	
	背	向規应酬送……	……寸伄有寬餘	卷四之二十四／二十五／二十六	
112	正	其議價均算……	……人号就雖據	卷四之二十六／二十七	
	背	巡役回称尾……	……木五根段数	卷四之二十七／二十八	
113	正	十根已由托……	……容面叩不一	卷四之二十八	
	背	—	—	—	無字。
114	正	公議新敷頭……	……廿半十一九	附卷之一	
	背	半一九五川……	……五川七八九	附卷之一	
115	正	半八八川一……	……敷川8七一	附卷之一	
	背	半七敷川一……	……抽二錢五分	附卷之一	
116	正	不登廿敷粮……	……錢九分八厘	附卷之一	
	背	半十敷二錢……	……錢三分〇七	附卷之一	
117	正	半五八四錢……	……錢六分五厘	附卷之一	
	背	—	—	—	無字。

《採運皇木案牘》俗字表

整理說明

　　以下字表，乃依據《採運皇木案牘》原抄本，將校箋本中關於俗字的註釋整理匯總於此。需要說明的是，雖然稱呼爲「俗字表」，但是嚴格而言，其中所收錄的並非均爲「俗字」。在此以外，尚包括如所謂古今字、通假字、異體字、簡繁字，甚至訛誤字，等等。但是，它們均可視爲當時抄寫文本時所常用，乃至於通用的用字。

　　略舉例而言：如「坎伐」之「坎」，顯係「砍」字之訛誤，但在《採運皇木案牘》及其他民間文書中（如清水江流域的契約文書中），均常寫作「坎」，故而或亦不失爲「砍」字俗寫之一種；又如，「叚」本同「假」，但是相關文獻中常用以作爲「段」或「斷」之借代，是以「叚」約略亦可視爲「段」或「斷」之俗寫。再如「艮」與「銀」，更爲最可常見之實例。故而，此之謂俗字者，乃俗成之用字、寫字法也。

蘇州碼子對照表

一	二	三	四	五	六	七	八	九
〡	〢	〣	乂	𠆢	⊥	⊥	⊥	文

二畫

　〔1〕几〔幾〕

三畫

　〔2〕与〔與〕
　〔3〕升〔升、陞〕
　〔4〕凡〔凡〕
　〔5〕个〔個〕
　〔6〕门〔門〕
　〔7〕巳〔己、已〕

四畫

　〔8〕丈〔丈〕
　〔9〕长〔長〕
　〔10〕凤〔鳳〕
　〔11〕为〔爲〕
　〔12〕计〔計〕
　〔13〕订〔訂〕
　〔14〕办〔辦〕
　〔15〕劝〔勸〕
　〔16〕书〔書〕

五畫

　〔17〕卅〔卅一〕
　〔18〕东〔東〕
　〔19〕旧〔舊〕
　〔20〕归〔歸〕
　〔21〕号〔號〕
　〔22〕囙〔因〕
　〔23〕们〔們〕
　〔24〕仪〔儀〕
　〔25〕尔〔爾〕
　〔26〕氷〔冰〕

　〔27〕闪〔閃〕
　〔28〕讨〔討〕
　〔29〕写〔寫〕
　〔30〕讫〔訖〕
　〔31〕讬〔託〕
　〔32〕议〔議〕
　〔33〕讯〔訊〕
　〔34〕记〔記〕
　〔35〕疋〔匹〕
　〔36〕边〔邊〕
　〔37〕发〔發〕
　〔38〕对〔對〕
　〔39〕丝〔絲〕

六畫

　〔40〕巡〔巡〕
　〔41〕吉〔吉〕
　〔42〕执〔執〕
　〔43〕权〔權〕
　〔44〕过〔過〕
　〔45〕灰〔灰〕
　〔46〕夹〔夾〕
　〔47〕攷〔考〕
　〔48〕师〔師〕
　〔49〕当〔當〕
　〔50〕足〔足〕
　〔51〕则〔則〕
　〔52〕传〔傳〕
　〔53〕会〔會〕
　〔54〕负〔負〕
　〔55〕争〔爭〕
　〔56〕齐〔齊〕

　〔57〕决〔決〕
　〔58〕冲〔沖〕
　〔59〕闭〔閉〕
　〔60〕问〔問〕
　〔61〕乞〔定〕
　〔62〕讵〔詎〕
　〔63〕许〔許〕
　〔64〕讹〔訛〕
　〔65〕讼〔訟〕
　〔66〕设〔設〕
　〔67〕访〔訪〕
　〔68〕诀〔訣〕
　〔69〕艮〔銀〕
　〔70〕尽〔盡〕
　〔71〕孙〔孫〕
　〔72〕阳〔陽〕
　〔73〕艸〔草〕
　〔74〕红〔紅〕
　〔75〕约〔約〕
　〔76〕级〔級〕
　〔77〕纪〔紀〕
　〔78〕纫〔紉〕

七畫

　〔79〕违〔違〕
　〔80〕坛〔壇〕
　〔81〕贡〔貢〕
　〔82〕扵〔於〕
　〔83〕抢〔搶〕
　〔84〕抵〔抵〕
　〔85〕坎〔砍〕
　〔86〕声〔聲〕

〔87〕报〔報〕
〔88〕芦〔蘆〕
〔89〕劳〔勞〕
〔90〕两〔兩〕
〔91〕还〔還〕
〔92〕来〔來〕
〔93〕连〔連〕
〔94〕轩〔軒〕
〔95〕岁〔歲〕
〔96〕坚〔堅〕
〔97〕时〔時〕
〔98〕吴〔吳〕
〔99〕围〔圍〕
〔100〕廸〔迪〕
〔101〕员〔員〕
〔102〕听〔聽〕
〔103〕呉〔吳〕
〔104〕别〔別〕
〔105〕郍〔那〕
〔106〕図〔圖〕
〔107〕体〔體〕
〔108〕兎〔兔〕
〔109〕帋〔紙〕
〔110〕臤〔賢〕
〔111〕条〔條〕
〔112〕饮〔飲〕
〔113〕谷〔穀〕
〔114〕况〔況〕
〔115〕庄〔莊〕
〔116〕底〔底〕
〔117〕应〔應〕

〔118〕闲〔閒〕
〔119〕间〔間〕
〔120〕闷〔悶〕
〔121〕亘〔宜〕
〔122〕诈〔詐〕
〔123〕词〔詞〕
〔124〕诏〔詔〕
〔125〕张〔張〕
〔126〕陈〔陳〕
〔127〕�圭〔封〕
〔128〕纱〔紗〕
〔129〕纳〔納〕
〔130〕纷〔紛〕
〔131〕纸〔紙〕
〔132〕纹〔紋〕

八畫

〔133〕责〔責〕
〔134〕拜〔拜〕
〔135〕拣〔揀〕
〔136〕担〔擔〕
〔137〕拨〔撥〕
〔138〕择〔擇〕
〔139〕茉〔菋〕
〔140〕画〔畫〕
〔141〕枣〔棗〕
〔142〕卖〔賣〕
〔143〕面〔面〕
〔144〕顷〔頃〕
〔145〕贤〔賢〕
〔146〕冐〔冒〕
〔147〕甲〔卑〕

〔148〕廻〔回〕
〔149〕账〔賬〕
〔150〕贩〔販〕
〔151〕卸〔卸〕
〔152〕货〔貨〕
〔153〕侭〔儘〕
〔154〕徃〔往〕
〔155〕迩〔邇〕
〔156〕变〔變〕
〔157〕庙〔廟〕
〔158〕剂〔劑〕
〔159〕兖〔兗〕
〔160〕闸〔閘〕
〔161〕闹〔鬧〕
〔162〕怀〔懷〕
〔163〕畄〔留〕
〔164〕学〔學〕
〔165〕宝〔寶〕
〔166〕宄〔究〕
〔167〕实〔實〕
〔168〕试〔試〕
〔169〕诗〔詩〕
〔170〕诘〔詰〕
〔171〕诚〔誠〕
〔172〕话〔話〕
〔173〕询〔詢〕
〔174〕诣〔詣〕
〔175〕该〔該〕
〔176〕详〔詳〕
〔177〕肃〔肅〕
〔178〕届〔屆〕

〔179〕弥〔彌〕

〔180〕妒〔妒〕

〔181〕叄〔參〕

〔182〕练〔練〕

〔183〕紬〔紬〕

〔184〕细〔細〕

〔185〕终〔終〕

〔186〕绌〔絀〕

〔187〕绍〔紹〕

〔188〕贯〔貫〕

九畫

〔189〕泰〔泰〕

〔190〕帮〔幫〕

〔191〕珍〔珍〕

〔192〕项〔項〕

〔193〕挟〔挾〕

〔194〕桒〔桑〕

〔195〕垫〔墊〕

〔196〕荆〔荊〕

〔197〕荨〔等〕

〔198〕荣〔榮〕

〔199〕药〔藥〕

〔200〕厘〔釐〕

〔201〕牵〔牽〕

〔202〕临〔臨〕

〔203〕览〔覽〕

〔204〕尝〔嘗〕

〔205〕贵〔貴〕

〔206〕买〔買〕

〔207〕罚〔罰〕

〔208〕贴〔貼〕

〔209〕恳〔恩〕

〔210〕乘〔乘〕

〔211〕俩〔倆〕

〔212〕贷〔貸〕

〔213〕顺〔順〕

〔214〕叙〔敍〕

〔215〕呇〔含〕

〔216〕胆〔膽〕

〔217〕脉〔脈〕

〔218〕独〔獨〕

〔219〕觔〔斤〕

〔220〕贸〔貿〕

〔221〕将〔將〕

〔222〕奇〔奇〕

〔223〕闻〔聞〕

〔224〕养〔養〕

〔225〕姜〔薑〕

〔226〕烟〔煙〕

〔227〕浃〔浹〕

〔228〕流〔流〕

〔229〕测〔測〕

〔230〕济〔濟〕

〔231〕协〔協〕

〔232〕举〔舉〕

〔233〕觉〔覺〕

〔234〕窃〔竊〕

〔235〕寇〔寇〕

〔236〕诬〔誣〕

〔237〕语〔語〕

〔238〕误〔誤〕

〔239〕诱〔誘〕

〔240〕诳〔誆〕

〔241〕说〔說〕

〔242〕诵〔誦〕

〔243〕叚〔段〕

〔244〕费〔費〕

〔245〕险〔險〕

〔246〕贺〔賀〕

〔247〕貟〔員〕

〔248〕观〔觀〕

〔249〕发〔發〕

〔250〕结〔結〕

〔251〕给〔給〕

〔252〕络〔絡〕

〔253〕绝〔絕〕

〔254〕绞〔絞〕

〔255〕统〔統〕

十畫

〔256〕载〔載〕

〔257〕赶〔趕〕

〔258〕损〔損〕

〔259〕恐〔恐〕

〔260〕换〔換〕

〔261〕挚〔摯〕

〔262〕戢〔職〕

〔263〕带〔帶〕

〔264〕带〔帶〕

〔265〕晋〔晉〕

〔266〕莭〔節〕

〔267〕档〔檔〕

〔268〕曹〔曹〕

〔269〕贾〔賈〕

〔270〕顾〔顧〕

〔271〕较〔較〕

〔272〕顿〔頓〕

〔273〕袋〔裝〕

〔274〕监〔監〕

〔275〕帰〔歸〕

〔276〕党〔黨〕

〔277〕晓〔曉〕

〔278〕唖〔啞〕

〔279〕圆〔圓〕

〔280〕称〔稱〕

〔281〕脩〔修〕

〔282〕赁〔賃〕

〔283〕颁〔頒〕

〔284〕智〔胸〕

〔285〕亮〔亮〕

〔286〕遅〔庭〕

〔287〕斋〔齋〕

〔288〕资〔資〕

〔289〕旂〔旗〕

〔290〕阅〔閱〕

〔291〕烦〔煩〕

〔292〕烧〔燒〕

〔293〕烛〔燭〕

〔294〕烟〔煙〕

〔295〕悞〔誤〕

〔296〕请〔請〕

〔297〕诸〔諸〕

〔298〕读〔讀〕

〔299〕课〔課〕

〔300〕调〔調〕

〔301〕谅〔諒〕

〔302〕谆〔諄〕

〔303〕谈〔談〕

〔304〕谊〔誼〕

〔305〕诺〔諾〕

〔306〕昼〔畫〕

〔307〕陡〔陡〕

〔308〕险〔險〕

〔309〕隆〔隆〕

〔310〕娱〔娛〕

〔311〕函〔函〕

〔312〕难〔難〕

〔313〕预〔預〕

〔314〕绢〔絹〕

〔315〕绨〔綈〕

〔316〕继〔繼〕

〔317〕斜〔糾〕

十一畫

〔318〕拣〔揀〕

〔319〕埧〔壩〕

〔320〕遊〔遊〕

〔321〕掷〔擲〕

〔322〕楚〔楚〕

〔323〕恶〔惡〕

〔324〕廪〔處〕

〔325〕赉〔賚〕

〔326〕虚〔虛〕

〔327〕虗〔虛〕

〔328〕畧〔略〕

〔329〕鼠〔鼠〕

〔330〕俻〔備〕

〔331〕倏〔候〕

〔332〕倚〔倚〕

〔333〕躭〔耽〕

〔334〕质〔質〕

〔335〕领〔領〕

〔336〕脚〔腳〕

〔337〕脸〔臉〕

〔338〕岬〔釁〕

〔339〕逃〔逃〕

〔340〕欸〔款〕

〔341〕猪〔豬〕

〔342〕减〔減〕

〔343〕竟〔覺〕

〔344〕盖〔蓋〕

〔345〕断〔斷〕

〔346〕曾〔曾〕

〔347〕游〔游〕

〔348〕鸿〔鴻〕

〔349〕渎〔瀆〕

〔350〕渐〔漸〕

〔351〕惭〔慚〕

〔352〕惧〔懼〕

〔353〕惮〔憚〕

〔354〕窓〔窗〕

〔355〕谋〔謀〕

〔356〕谐〔諧〕

〔357〕祷〔禱〕

〔358〕谒〔謁〕

〔359〕谓〔謂〕

〔360〕谕〔諭〕

〔361〕谗〔讒〕

〔362〕谙〔諳〕
〔363〕弹〔彈〕
〔364〕随〔隨〕
〔365〕隐〔隱〕
〔366〕颇〔頗〕
〔367〕绪〔緒〕
〔368〕续〔續〕
〔369〕绳〔繩〕
〔370〕绿〔綠〕
〔371〕维〔維〕
〔372〕鄉〔鄉〕

十二畫

〔373〕琹〔琴〕
〔374〕趂〔趁〕
〔375〕趋〔趨〕
〔376〕捷〔捷〕
〔377〕揽〔攬〕
〔378〕揑〔捏〕
〔379〕搀〔攙〕
〔380〕塆〔壪〕
〔381〕搁〔擱〕
〔382〕揔〔總〕
〔383〕棹〔桌〕
〔384〕検〔檢〕
〔385〕覄〔覆〕
〔386〕暂〔暫〕
〔387〕辈〔輩〕
〔388〕歯〔齒〕
〔389〕帰〔歸〕
〔390〕辉〔輝〕
〔391〕赏〔賞〕
〔392〕暎〔映〕
〔393〕貼〔賈〕
〔394〕遗〔遺〕
〔395〕崎〔崎〕
〔396〕赌〔賭〕
〔397〕赐〔賜〕
〔398〕赔〔賠〕
〔399〕锁〔鎖〕
〔400〕牍〔牘〕
〔401〕般〔般〕
〔402〕兠〔兜〕
〔403〕释〔釋〕
〔404〕鲁〔魯〕
〔405〕蛮〔蠻〕
〔406〕隻〔雙〕
〔407〕督〔督〕
〔408〕欲〔欲〕
〔409〕兼〔兼〕
〔410〕湏〔須〕
〔411〕温〔溫〕
〔412〕湾〔灣〕
〔413〕觉〔覺〕
〔414〕寕〔寧〕
〔415〕禅〔禪〕
〔416〕谢〔謝〕
〔417〕谦〔謙〕
〔418〕屡〔屢〕
〔419〕叅〔參〕
〔420〕缓〔緩〕
〔421〕缔〔締〕
〔422〕缕〔縷〕
〔423〕编〔編〕
〔424〕缘〔緣〕

十三畫

〔425〕塩〔鹽〕
〔426〕摊〔攤〕
〔427〕臺〔臺〕
〔428〕篤〔篤〕
〔429〕蓝〔藍〕
〔430〕楼〔樓〕
〔431〕輕〔輕〕
〔432〕赖〔賴〕
〔433〕竪〔豎〕
〔434〕厘〔廛〕
〔435〕歴〔歷〕
〔436〕输〔輸〕
〔437〕鉴〔鑒〕
〔438〕彂〔發〕
〔439〕賎〔賤〕
〔440〕景〔景〕
〔441〕跴〔踩〕
〔442〕筹〔籌〕
〔443〕筫〔簀〕
〔444〕简〔簡〕
〔445〕微〔微〕
〔446〕铁〔鐵〕
〔447〕遥〔遙〕
〔448〕粮〔糧〕
〔449〕数〔數〕
〔450〕兾〔冀〕
〔451〕煖〔暖〕
〔452〕溇〔婆〕

〔453〕滩〔灘〕

〔454〕谨〔謹〕

〔455〕谬〔謬〕

〔456〕羣〔群〕

〔457〕彚〔彙〕

〔458〕叠〔疊〕

十四畫

〔459〕静〔靜〕

〔460〕攄〔據〕

〔461〕增〔增〕

〔462〕斲〔斷〕

〔463〕虧〔虧〕

〔464〕嘆〔歎〕

〔465〕踈〔疏〕

〔466〕蜡〔蠟〕

〔467〕與〔輿〕

〔468〕邈〔邈〕

〔469〕德〔德〕

〔470〕獘〔弊〕

〔471〕滴〔滴〕

〔472〕慰〔慰〕

〔473〕窓〔窗〕

〔474〕賓〔賓〕

〔475〕谭〔譚〕

〔476〕谮〔譖〕

〔477〕谱〔譜〕

十五畫

〔478〕賛〔贊〕

〔479〕戯〔戲〕

〔480〕題〔題〕

〔481〕黙〔默〕

〔482〕穆〔穆〕

〔483〕勲〔勳〕

〔484〕箍〔箍〕

〔485〕箋〔箋〕

〔486〕舖〔鋪〕

〔487〕餙〔飾〕

〔488〕廉〔廉〕

〔489〕鳲〔鳩〕

〔490〕窰〔窯〕

〔491〕额〔額〕

〔492〕缮〔繕〕

〔493〕綹〔纜〕

〔494〕総〔總〕

〔495〕縁〔緣〕

十六畫

〔496〕壞〔壞〕

〔497〕聨〔聯〕

〔498〕舊〔舊〕

〔499〕贈〔贈〕

〔500〕箋〔箋〕

〔501〕鍊〔鍊〕

〔502〕臘〔臘〕

〔503〕鵬〔鵬〕

〔504〕頴〔穎〕

十七畫

〔505〕礬〔礬〕

〔506〕點〔點〕

〔507〕舉〔舉〕

〔508〕邉〔邊〕

〔509〕歸〔歸〕

〔510〕鍼〔針〕

〔511〕歛〔斂〕

〔512〕瀆〔瀆〕

〔513〕濶〔闊〕

十八畫

〔514〕襍〔雜〕

〔515〕攅〔攢〕

〔516〕騐〔驗〕

〔517〕櫃〔檀〕

〔518〕櫈〔凳〕

〔519〕顕〔顯〕

〔520〕闗〔關〕

〔521〕囂〔囂〕

〔522〕観〔觀〕

〔523〕臕〔臕〕

十九畫

〔524〕蠏〔蟹〕

〔525〕雙〔雙〕

〔526〕鏁〔鑒〕

廿三畫

〔527〕鑚〔鑽〕

廿五畫

〔528〕羈〔羈〕

參考文獻

一、檔　案

1. 〈工部爲舡隻過境事〉，藏臺灣歷史語言研究所（內閣大庫檔案 194426-001，乾隆五十一年八月初一日）。

2. 〈吏部題覆州官俸滿稱職應准在任候陞〉，藏臺灣歷史語言研究所（內閣 大庫檔案 002658-001，嘉慶二年四月七日）。

3. 〈奏爲查明委辦例木之通判採運遲延先行摘去頂戴事〉，藏中國第一歷史 檔案館（檔號：04-01-35-0231-019）。

4. 〈奏爲動支道光十八年地丁銀兩採辦年例木植事〉，藏中國第一歷史檔案 館（檔號：03-3349-020）。

5. 〈奏爲採辦例木由海運京事〉，藏中國第一歷史檔案館（檔號： 03-5573-143）。

6. 〈奏爲陳明江西省採辦例木難行緣由事〉，藏中國第一歷史檔案館（檔號： 03-4519-003）。

7. 〈奏爲署常德同知衛鳳山辦運例木漂失請議處事〉，藏中國第一歷史檔案 館（檔號：03-3645-033）。

8. 〈奏爲審擬桃源縣民剪元吉等京控採辦解京例木委員私設關口抽取木植 案事〉，藏中國第一歷史檔案館（檔號：03-2235-020）。

9. 〈爲核議湖南省題請核銷乾隆元年份採辦桅杉二木用過銀兩事〉，藏中國 第一歷史檔案館（檔號：02-01-008-000050-0009）。

10. 〈湖南採辦光緒三十四年例木尺寸清單〉，藏中國第一歷史檔案館（檔號： 21-1018-0028）。

11. 〈題爲准予英安補授國子監助教請旨事〉，藏中國第一歷史檔案館（檔號： 02-01-03-06241-023）。

12. 〈題爲開列簽升廣西永安州知州英安簽升直隸廣平縣知縣陳鶴翔履歷列名具題事〉，藏中國第一歷史檔案館（檔號：02-01-03-07688-019）。

13. 〈題爲會議將廣西省造哨船咨部核銷造冊遲延之署左州事太平土州州同戴霆等議處事〉，藏中國第一歷史檔案館（檔號：02-01-03-08427-011）。

14. 〈題爲遵察國子監助教英安吳省蘭等失察逆惡捐監照例罰俸事〉，藏中國第一歷史檔案館（檔號：02-01-03-06958-007）。

15. 〈題爲遵議湖南長沙府通判英安迴避與漢陽府通判任其昌對調事〉，藏中國第一歷史檔案館（檔號：02-01-03-07573-013）。

16. 〈題爲遵議廣西巡撫等題請以英安調補左州知州繆琪署理永安州知州事〉，藏中國第一歷史檔案館〉，藏中國第一歷史檔案館（檔號：02-01-03-07872-003）。

17. 〈題報太平府左州知州英安邊俸已滿五年照例在任聽候陞用〉，藏臺灣歷史語言研究所（內閣大庫檔案 065411-001，嘉慶元年十二月十八日）。

18. 〈題報辦解桅杉架檣木植用過價腳銀〉，藏臺灣歷史語言研究所（內閣大庫檔案 043429-001，乾隆四十二年十月二十四日）。

二、辭　書

1. （不著編著者）《農村常用字》，杭州：浙江人民出版社 1975 年版。

2. 《水運技術詞典》編輯委員會編：《水運技術詞典・古代水運與木帆船分冊》，北京：人民交通出版社 1980 年版。

3. 《現代漢語大詞典》編委會編：《現代漢語大詞典》，上海：漢語大詞典出版社 2000 年版。

4. 中國文物學會專家委員會編：《中國文物大辭典》（上），北京：中央編譯出版社 2008 年版。

5. 內藤乾吉原校對、程兆奇標點、程天權審訂：《六部成語註解》，杭州：浙江古籍出版社 1987 年版。

6. 王彥坤纂：《歷代避諱字彙典》，鄭州：中州古籍出版社 1997 年版。

7. 王雅軍編著：《實用委婉語詞典》，上海：上海辭書出版社 2005 年版。

8. 吉常宏主編：《漢語稱謂大詞典》，石家莊：河北教育出版社 2001 年版。

9. 向光忠、李行健、劉松筠主編：《中華成語大辭典》，長春：吉林文史出版社 1986 年版。

10. 朱立元主編：《美學大辭典》（修訂本），上海：上海辭書出版社 2014 年版。

11. 朱立元主編：《美學大辭典》，上海：上海辭書出版社 2010 年版。

12. 朱英貴編著：《謙辭敬辭辭典》，成都：四川辭書出版社 2005 年版。

13. 何林編著：《錢幣學詞彙簡釋》，北京：大眾文藝出版社 1999 年版。

14. 何寶民主編：《中國詩詞曲賦辭典》，鄭州：大象出版社 1997 年版。

15. 吳士勳、王東明主編：《宋元明清百部小說語詞大辭典》，西安：陝西人民出版社 1992 年版。

16. 呂宗力主編：《中國歷代官制大辭典》，北京：北京出版社 1994 年版。

17. 李國祥編：《古漢語常用字字典》，武漢：崇文書局 2011 年版。

18. 李澍田主編：《東北文獻辭典》，長春：吉林文史出版社 1994 年版。

19. 李澤平：《實用書信大全》，南京：江蘇文藝出版社 1992 年版。

20. 李鵬年、劉子揚、陳鏘儀編著：《清代六部成語詞典》，天津：天津人民出版社 1990 年版。

21. 辛夷、成志偉主編：《中國典故大辭典》，北京：北京燕山出版社 1991 年版。

22. 岳國鈞主編：《元明清文學方言俗語辭典》，貴陽：貴州人民出版社 1998 年版。

23. 明文書局編：《中國史學史辭典》，臺北：明文書局 1986 年版。

24. 段木干主編：《中外地名大辭典》，臺中：人文出版社 1981 年版。

25. 范橋主編：《書信寫作鑑賞辭典》，北京：中國國際廣播出版社 1991 年版。

26. 郁賢皓主編：《李白大辭典》，南寧：廣西教育出版社 1995 年版。

27. 唐達成主編：《文藝賞析詞典》，成都：四川人民出版社 1989 年版。

28. 唐嘉弘主編：《中國古代典章制度大辭典》，鄭州：中州古籍出版社 1998 年版。

29. 夏徵農主編：《辭海》，上海：上海辭書出版社 2002 年版。

30. 徐玉明編著：《中國交際辭令》，上海：東方出版中心 1999 年版。

31. 陝西師範大學詞典編寫組編：《古漢語虛詞用法詞典》，西安：陝西人民出版社 1988 年版。

32. 高文德主編：《中國少數民族史大辭典》，長春：吉林教育出版社 1995 年版。

33. 崔乃夫主編：《中華人民共和國地名大詞典》，北京：商務印書館 1998 年版。

34. 張定亞主編：《簡明中外民俗詞典》，西安：陝西人民出版社 1992 年版。

35. 張拱貴主編：《漢語委婉語詞典》，北京：北京語言文化大學出版社 1996 年版。

36. 張政烺：《中國古代職官大辭典》，鄭州：河南人民出版社 1990 年版。

37. 張晉藩主編：《中華法學大辭典·法律史學卷》，北京：中國檢察出版社

1999 年版。

38. 張惟驤：《歷代諱字譜》，武進張氏刻小雙寂庵叢書 1932 年本。

39. 盛廣智、許華應、劉孝嚴主編：《中國古今工具書大辭典》，長春：吉林人民出版社 1990 年版。

40. 許寶華、宮田一郎主編：《漢語方言大詞典》（第四卷），北京：中華書局1999 年版。

41. 陳文清主編：《文秘詞典》，瀋陽：遼寧人民出版社 1987 年版。

42. 傅璇琮等主編：《中國詩學大辭典》，杭州：浙江教育出版社 1999 年版。

43. 華夫主編：《中國古代名物大典》（下），濟南：濟南出版社 1993 年版。

44. 費振剛、仇仲謙編：《漢賦辭典》，北京：北京大學出版社 2002 年版。

45. 楊任之編著：《古今成語大詞典》，北京：北京工業大學出版社 2004 年版。

46. 溫端政等編：《敬謙語小詞典》，北京：語文出版社 2002 年版。

47. 萬里主編：《湖湘文化大辭典》（上、下卷），長沙：湖南人民出版社 2006年版。

48. 葉帆編著：《中華書信語辭典》，武漢：武漢出版社 2012 年版。

49. 鄒瑜、顧明主編：《法學大辭典》，北京：中國政法大學出版社 1991 年版。

50. 趙傳仁、鮑延毅、葛增福主編：《中國古今書名釋義辭典》，濟南：山東友誼出版社 1992 年版。

51. 趙傳仁、鮑延毅、葛增福主編：《中國書名釋義大辭典》，濟南：山東友誼出版社 2007 年版。

52. 劉文傑：《歷史文書用語辭典》（明・清・民國部分），成都：四川人民出版社 1988 年版。

53. 劉延愷主編：《北京水務知識詞典》，北京：中國水利水電出版社 2008 年版。

54. 劉運國、梁式朋主編：《公文大辭典》，成都：電子科技大學出版社 1992年版。

55. 劉樹孝等主編：《法律文書大辭典》，西安：陝西人民出版社 1991 年版。

56. 蔣竹蓀、方誠彬編著：《書信用語詞典》，上海：上海辭書出版社 2002 年版。

57. 蔣義海主編：《中國畫知識大辭典》，南京：東南大學出版社 2015 年版。

58. 鄭天挺等主編：《中國歷史大辭典・歷史地理卷》，上海：上海辭書出版社 1996 年版。

59. 鄭天挺等主編：《中國歷史大辭典》，上海：上海辭書出版社 2007 年、2010年版。

60. 鄭恢主編:《事物異名分類詞典》,哈爾濱:黑龍江人民出版社 2002 年版。

61. 鄭競毅編著:《法律大辭書》,北京:商務印書館 2012 年版。

62. 錢種聯等主編:《中國文學大辭典》,上海:上海辭書出版社 2000 年版。

63. 霍松林主編:《中國古典小說六大名著鑑賞辭典》,西安:華嶽文藝出版社 1988 年版。

64. 薛虹主編:《中國皇室宮廷辭典》,長春:吉林文史出版社 1998 年版。

65. 瞿冕良編著:《中國古籍版刻辭典》,蘇州:蘇州大學出版社 2009 年版。

66. 顏品忠等主編:《中國文化制度辭典》,北京:中國國際廣播出版社 1998 年版。

67. 懷化大辭典編輯委員會編:《懷化大辭典》,北京:改革出版社 1995 年版。

68. 羅竹鳳主編:《漢語大詞典》(第一至十二卷),上海:漢語大詞典出版社 1990 年版。

69. 寶華、宮田一郎主編:《漢語方言大詞典》(第四卷),北京:中華書局 1999 年版。

三、古籍文獻

1. 《周易》
2. 《尚書》
3. 《詩經》
4. 《禮記》
5. 《左傳》
6. 《爾雅》
7. 《莊子》
8. 《史記》
9. 《說文解字》
10. 《呂氏春秋》
11. 《九章算術》
12. 《康熙字典》
13. 《漢書》
14. 《明史》
15. 《清史稿》
16. 《古今圖書集成》
17. 《四庫全書總目提要》
18. 《大明會典》

19. 《清實錄》

20. 《大清律例》（四庫全書本）

21. 《大清會典》（康熙、雍正、乾隆、嘉慶本）

22. 《大清會典事例》（乾隆、光緒本）

23. 《大清會典則例》（乾隆本）

24. 《戶部則例》（乾隆本）

25. 《工部則例》（嘉慶本）

26. 《物料價值則例》（乾隆本）

27. 《清朝通志》

28. 《清朝通典》

29. 《皇清奏議》

30. 《清朝文獻通考》

31. 《清朝續文獻通考》

32. 《皇朝經世文續編》

33. 《清華胡氏統譜》

34. 《嘉慶重修一統志》（上海涵芬樓景印清史館藏進呈寫本）

35. 《大定府志》（道光二十九年刻本）

36. 《天柱縣志》（康熙二十二年刊本）

37. 《安福縣志》（乾隆四十七年刻本）

38. 《江南通志》（四庫全書本）

39. 《沅州府志》（同治十二年增刻乾隆本）

40. 《沅陵縣志》（光緒二十年補版重印同治本）

41. 《芷江縣志》（乾隆二十五年刻本）

42. 《重修寶應縣志》（道光二十年刻本）

43. 《常德府志》（嘉慶十八年刻本）

44. 《清江志》（乾隆鈔本）

45. 《通道縣志》（民國二十年石印嘉慶本）

46. 《魚臺縣志》（光緒十五年刻本）

47. 《湖南通志》（清刻嘉慶本）

48. 《貴州通志》（乾隆六年刻嘉慶修補本）

49. 《廈門志》（道光十九年刊本）

50. 《慈利縣志》（嘉慶二十二年刻本）

51. 《新纂雲南通志》（民國三十八年鉛印本）

52. 《靖州直隸州志》（光緒五年刻本）

53. 《黎平府志》（光緒八年刻本）

54. 《遵義府志》（道光刻本）

55. 《鎮遠府志》（乾隆五十八年刻本）

56. 《纂修景州志》（康熙十一年刻本）

57. 《續修天柱縣志》（光緒二十九年刻本）

58. 文慶等纂輯《籌辦夷務始末》

59. 方玉潤《詩經原始》

60. 方汝浩《禪真後史》

61. 吳敬梓《儒林外史》

62. 宋應星《天工開物》

63. 李元度《國朝先正事畧》

64. 李時珍《本草綱目》

65. 沙克什《河防通議》

66. 阮元《兩浙輶軒錄》

67. 周汝登《周海門先生文錄》

68. 邱濬《大學衍義補》

69. 邱濬《成語考》

70. 俞正燮《癸巳存稿》

71. 俞萬春《蕩寇誌》

72. 姚士粦《見只編》

73. 紀昀《閱微草堂筆記》

74. 席書《漕船志》

75. 徐世光《濮陽河上記》

76. 徐珂《清稗類鈔》

77. 浦琳《清風閘》

78. 祝慶祺《刑案匯覽》

79. 袁枚《隨園隨筆》

80. 高儒《百川書志》

81. 張自烈《正字通》

82. 張廷玉《澄懷園文存》

83. 曹雪芹《紅樓夢》

84. 梁章鉅《稱謂錄》

85. 莊亨陽《莊氏算學》

86. 陳弘謀《從政遺規》

87. 陳法《猶存集》

88. 陳潢《天一遺書》

89. 陳錦《勤餘文牘》

90. 傅澤洪《行水金鑑》

91. 惲敬《大雲山房文稿》

92. 閔爾容《蘇文忠公文選》

93. 雲封山人《鐵花仙史》

94. 黃六鴻《福惠全書》

95. 黃本驥《湖南方物志》

96. 黃叔璥《臺海使槎錄》

97. 愛必達《黔南識略》

98. 葉名澧《橋西雜記》

99. 趙翼《陔餘叢考》

100. 戴瑞徵《雲南銅志》

101. 謝聖綸《滇黔志略》

102. 顏元《存學編》

103. 魏源《聖武記》

104. 顧炎武《天下郡國利病書》

105. 顧炎武《日知錄》

106. 顧祿《清嘉錄》

107. 麟慶《河工器具圖說》

四、文　章

1. (不著作者)：〈從「四溪公」看我縣建國前的竹木產品運銷情況〉，載《桃江文史資料》(第二輯)，桃江：中國人民政治協商會議湖南省桃江縣委員會文史資料研究委員會 1985 年版。

2. 〈廣西森林工業局木材生產安全作業暫行規程〉，載中華人民共和國林業部辦公廳編：《林業法規彙編》，北京：中國林業出版社 1956 年版。

3. Zhang Meng, "Timber Trade along the Yangzi River: Market, Institutions, and Environment, 1750-1911," Los Angeles (Dissertation, University of

California, Los Angeles, 2017).

4. 尤陳俊：〈明清中國房地買賣俗例中的習慣權利——以「嘆契」爲中心的考察〉，《法學家》2012 年第 4 期。

5. 王宗勳：〈好訟與無訟：清代清水江下游兩種不同權利糾紛解決機制下的區域社會〉，《貴州大學學報》（社會科學版）2016 年第 6 期。

6. 王宗勳：〈試論清水江木商文化〉，《貴州大學學報》（社會科學版）2018 年第 2 期。

7. 王振忠：〈太平天國前後徽商在江西的木業經營——新發現的《西河木業纂要》抄本研究〉，載《歷史地理》（第 28 輯），上海：上海人民出版社 2013 年版。

8. 王振忠：〈古代書札：傳統社會的情感檔案〉，載《歷史學家茶座》（第 7 輯），濟南：山東人民出版社 2007 年版。

9. 王振忠：〈抄本《信書》所見金陵典舖夥計的生活〉，載《古籍研究》2004 年卷下（總第 46 期），合肥：安徽大學出版社 2004 年版。

10. 王振忠：〈徽、臨商幫與清水江的木材貿易及其相關問題——清代佚名商編路程抄本之整理與研究〉，載《歷史地理》（第 29 輯），上海：上海人民出版社 2014 年版。

11. 王晚霞：〈《濂溪志》版本述略〉，《中南大學學報》（社會科學版）2011 年第 3 期。

12. 王稼句：〈《燕蘭小譜》及其作者〉，載氏著《看雲小集》，太原：三晉出版社 2009 年版。

13. 王鍾翰：〈清代各部署則例經眼錄〉，載氏著《王鍾翰清史論集》（第 3 冊），北京：中華書局 2004 年版。

14. 吳蘇民、楊有賡：〈「皇木案」反映「苗杉」經濟發展的歷史軌跡〉，《貴州文史叢刊》2010 年第 4 期。

15. 李有孚：〈漢口「洋例銀」概略〉，載楊熙春主編：《錢幣研究文選》，北京：中國財政經濟出版社 1989 年版。

16. 李國強：〈清代殿本古籍中的避諱實例分析〉，《藝術市場》2007 年第 1 期。

17. 李焯然：〈寧王朱權及其《通鑒博論》〉，載李焯然等主編：《趙令揚教授上庠講學五十周年紀念論文集》，香港：中華書局（香港）有限公司 2015 年版。

18. 周林、張法瑞：〈清代的皇木採辦及其特點〉，《農業考古》2012 年第 1 期。

19. 屈學武：〈法定權力與權力法治〉，《現代法學》1999 年第 1 期。

20. 林芊：〈明清時期清水江流域林業生產與木材貿易研究的思考——清水江

文書‧林契研究之一〉，《貴州大學學報》（社會科學版）2016 年第 3 期。

21. 林芊：〈清初清水江流域的「皇木採辦」與木材貿易——清水江文書‧林契研究〉，《原生態民族文化學刊》2016 年第 2 期。

22. 俞渭源：〈木業探源及其它〉，載《常州文史資料》（第十輯），常州：中國人民政治協商會議江蘇省常州市委員會文史研究委員會 1992 年版。

23. 俞渭源：〈我對廣木的認識〉，載常州市木材公司編：《常州市木材志（1800～1985）》，常州：常州市木材公司 1986 年版。

24. 相原佳之：〈清代中国における森林政策史の研究〉，東京大學 2009 年博士論文。

25. 相原佳之：〈清代中期，貴州東南部清水江流域における木材の流通構造－『採運皇木案牘』の記述を中心に－〉，《社会経済史学》（72-5），2007 年 1 月。

26. 相原佳之：〈清代貴州省東南部的林業經營與白銀流通〉，載張新民主編：《探索清水江文明的蹤跡——清水江文書與中國地方社會國際學術研討會論文集》，成都：巴蜀書社 2014 年版。

27. 胡敬修：〈黔東木業概況〉，《企光月刊》1941 年第二卷第三期。

28. 徐儒宗：〈《周易》經傳分合考〉，載劉大鈞總主編：《百年易學菁華集成初編‧〈周易〉經傳（貳）》，上海：上海科學技術文獻出版社 2010 年版。

29. 秦旭：〈天柱縣木業沿革概況〉，載《黔東南文史資料》第 10 輯（林業專輯），黔東南：黔東南州政協文史資料委員會 1992 年版。

30. 秦秀強：〈天柱縣民間諺語集錦〉，載天柱縣政協非物質文化遺產寶庫編纂委員會編：《天柱縣非物質文化遺產寶庫》，貴陽：貴州大學出版社 2009 年版。

31. 秦秀強：〈北部侗族文化涵化的過程和機制——天柱社區的個案研究〉，載天柱縣政協非物質文化遺產寶庫編纂委員會編：《天柱縣非物質文化遺產寶庫》，貴陽：貴州大學出版社 2009 年版。

32. 高笑紅：〈清前期清水江流域的木材流通與地方社會研究——以《採運皇木案牘》爲中心的研究〉，上海：復旦大學歷史系 2014 年碩士學位論文。

33. 高笑紅：〈清前期湖南例木採運——以《採運皇木案牘》爲中心〉，載張新民主編：《探索清水江文明的蹤跡——清水江文書與中國地方社會國際學術研討會論文集》，成都：巴蜀書社 2014 年版。

34. 梁鴻鷗：〈舊社會龍門浩行幫〉，載《重慶南岸文史資料》（第 4 輯），重慶：中國人民政治協商會議重慶市南岸區委員會 1988 年版。

35. 許存健：〈清代辰關與沅水流域商品流通研究〉，天津：南開大學歷史學院 2017 年碩士學位論文。

36. 郭衛東：〈西洋參：中美早期貿易中的重要貨品〉，《廣東社會科學》2013

年第 2 期。

37. 陳約三、方樹培、沈芷痕：〈鎮江木業史略〉，載《鎮江文史資料》（第 6 輯），鎮江：中國人民政治協商會議江蘇省鎮江市委員會文史資料研究委員會 1983 年版。

38. 陳揮中：〈牛拖樹與放木排〉，載《梅縣文史資料》（第 14 輯），梅縣：中國人民政治協商會議廣東省梅縣市委員會文史資料研究委員會 1988 年版。

39. 陳鋒：〈清代前期奏銷制度與政策演變〉，《歷史研究》2000 年第 2 期。

40. 程章：〈解放前的烏溪江木材商業〉：載《遂昌文史資料》（第一輯），遂昌：中國人民政治協商會議遂昌縣委員會文史資料組 1985 年版。

41. 程澤時：〈市場與政府：清水江流域「皇木案」新探〉，《貴州大學學報》（社會科學版）2016 年第 1 期。

42. 程澤時：〈清代錦屏三寨當江之「利權」考——兼與楊有耕先生商量〉，載張新民主編：《人文世界——區域、傳統、文化》（第 5 輯），成都：巴蜀書社 2012 年版。

43. 項義華：〈晚清新政與浙江近代教育轉型〉，載林呂建主編：《浙江歷代地方政府與社會治理》，杭州：浙江人民出版社 2010 年版。

44. 黃啓臣：〈明清政府抑商政策對商品流通的阻滯〉，載陳鋒、張建民主編：《中國財政經濟史論稿：彭雨新教授百年誕辰紀念文集》，武漢：湖北人民出版社 2012 年版。

45. 黃福元：〈民國時期瓜源的木竹砍伐與運輸〉，載《林海春秋：武寧文史資料第五輯（林業史專輯）》，武寧：武寧縣政協文史資料研究委員會、武寧縣林業局 1993 年版。

46. 黃慕庚口述、李星光整理：〈古上新河鎮木業經營概況〉，載《雨花文史》（第 2 輯），南京：中國人民政治協商會議南京市雨花臺區委員會文史委員會 1988 年版。

47. 黃蘭波：〈《畫譜》爲《畫語錄》最後定本説商榷〉，載陳國平：《石濤》（下），南寧：廣西美術出版社 2014 年版。

48. 葉明花、蔣力生：〈寧王朱權著作分類述錄〉，《江西中醫學院學報》2009 年第 6 期。

49. 劉力偉：〈中國古代「律族」法律文書名詞研究〉，遼寧大學 2017 年碩士學位論文。

50. 劉愛輝、陳長生：〈葭纜的生產與運用〉，載《林海春秋：武寧文史資料第五輯（林業史專輯）》，武寧：武寧縣政協文史資料研究委員會、武寧縣林業局 1993 年版。

51. 劉諾：〈乾隆朝正陽門大修紀實暨啓示〉，載中國紫禁城協會編，鄭欣淼、

朱誠如主編：《中國紫禁城學會論文集》（第五輯下），北京：紫禁城出版社 2007 年版。

52. 蔣德學：〈明清時期貴州貢木及商業化經營的演變〉，《貴州社會科學》2010年第 8 期。

53. 龍兆佛：〈檔案管理法〉，載《檔案學通訊》雜誌社編：《檔案學經典著作》（第二卷），上海：上海世界圖書出版公司 2013 年版。

54. 謝暉：〈民間規範與習慣權利〉，《現代法學》2005 年第 2 期。

55. 瞿見：〈清水江林業契約中的採伐權：規範及其實踐〉，《貴州大學學報》（社會科學版）2018 年第 3 期。

56. 藍勇：〈明清時期的皇木採辦〉，《歷史研究》1994 年第 6 期。

57. 魏光奇：〈清代州縣財政探析〉，載氏著：《清代民國縣制和財政論集》，北京：社會科學文獻出版社 2013 年版。

58. 譚延闓：〈關於唐晉放犇案的批示〉，載周秋光主編：《譚延闓集》（第 1 冊），長沙：湖南人民出版社 2013 年版。

59. 蘇亦工：〈不變而變──史德鄰報告與香港華人習慣權利之興廢〉，《清華法學》2008 年第 5 期。

60. 鐘少異：〈銃、炮、槍等火器名稱的由來和演變〉，載氏著：《古兵雕蟲：鐘少異自選集》，上海：中西書局 2015 年版。

五、著作

1. 《四庫禁毀書叢刊》委員會編：《四庫禁毀書叢刊》，北京：北京出版社 1997 年版。

2. 《清河區志》編纂委員會編著：《清河區志》，南京：江蘇古籍出版社 2003 年版。

3. 《湖湘文庫》編輯出版委員會編：《〈湖湘文庫〉書目提要》，長沙：岳麓書社 2013 年版。

4. 《錦屏縣林業志》編纂委員會編：《錦屏縣林業志》，貴陽：貴州人民出版社 2002 年版。

5. Michael Szonyi. *The Art of Being Governed: Everyday Politics in Late Imperial China*. Princeton: Princeton University Press, 2017.

6. 一丁、雨露、洪湧編：《中國古代風水與建築選址》，石家莊：河北科學技術出版社 1996 年版。

7. 三島雄太郎：《清國史》，上海：開明書店 1903 年版。

8. 上海圖書館編：《中國叢書綜錄》（二），上海：上海古籍出版社 1982 年版。

9. 于銀如、李青松：《晉西北方言所見〈金瓶梅〉詞語彙釋》，西安：太白

文藝出版社 2015 年版。

10. 大埔縣銀江鎮志編纂委員會、大埔縣地方志編纂委員會辦公室編：《大埔縣銀江鎮志》，梅州：大埔縣銀江鎮志編纂委員會、大埔縣地方志編纂委員會辦公室 1996 年版。

11. 山西大學批判組編：《農民起義反孔史料註釋》，太原：山西人民出版社1975 年版。

12. 山西大學圖書館編：《山西大學圖書館線裝書目錄》，太原：山西古籍出版社 2002 年版。

13. 中山市檔案局（館）、中國第一歷史檔案館編：《香山明清檔案輯錄》，上海：上海古籍出版社 2006 年版。

14. 中國古籍總目編纂委員會編：《中國古籍總目‧史部》，上海：上海古籍出版社 2009 年版。

15. 中國科學院圖書館編：《〈臺灣文獻叢刊〉書目提要》，北京：中國科學院圖書館 1981 年版。

16. 中國科學院圖書館編：《中國科學院圖書館藏中文古籍善本書目》，北京：科學出版社 1994 年版。

17. 中國國民書局編：《中國近世名人小史》，上海：中國國民書局 1927 年版。

18. 中國第一歷史檔案館編：《纂修四庫全書檔案》（下），上海：上海古籍出版社 1997 年版。

19. 尹紅群：《湖南傳統商路》，長沙：湖南師範大學出版社 2010 年版。

20. 方孝坤：《徽州文書俗字研究》，北京：人民出版社 2012 年版。

21. 方勇：《莊子學史》（第三冊），北京：人民出版社 2008 年版。

22. 王一軍主編：《明清鄖陽歷史文獻箋注稿》，北京：當代中國出版社 2004 年版。

23. 王兆春：《中國火器通史》，武漢：武漢大學出版社 2015 年版。

24. 王希隆：《清代西北屯田研究》，蘭州：蘭州大學出版社 1990 年版。

25. 王宗勳：《清水江木商古鎮——茅坪》，貴陽：貴州民族出版社 2017 年版。

26. 王宗勳：《清水江歷史文化探微》，昆明：雲南美術出版社 2013 年版。

27. 王彥霞：《清代通鑒學研究》，北京：人民日報出版社 2006 年版。

28. 王英志：《袁枚評傳》，南京：南京大學出版社 2002 年版。

29. 王英明編著：《古漢語書目指南》，濟南：齊魯書社 1988 年版。

30. 王國宇主編：《湖南經濟通史》（現代卷），長沙：湖南人民出版社 2013 年版。

31. 王崗主編：《北京歷史文化資源調研報告》，北京：中國經濟出版社 2013 年版。

32. 王彬主編：《清代禁書總述》，北京：中國書店 1999 年版。

33. 王章豹編著：《桐城諺語集錦》，合肥：合肥工業大學出版社 2015 年版。

34. 王實甫原著、周錫山編著：《〈西廂記〉註釋彙評》，上海：上海人民出版社 2013 年版。

35. 王維：《百科全書式的學者：鄒伯奇》，廣州：廣東人民出版社 2007 年版。

36. 王銘：《文種鉤沉》，北京：中國檔案出版社 2007 年版。

37. 王賢輝：《明清洪江商幫》，哈爾濱：黑龍江教育出版社 2013 年版。

38. 王曉楠：《〈諧聲譜〉研究》，天津師範大學 2007 年碩士學位論文。

39. 丘光明編著：《中國歷代度量衡考》，北京：科學出版社 1992 年版。

40. 付春楊：《權利之救濟：清代民事訴訟程序探微》，武漢：武漢大學出版社 2012 年版。

41. 冉小峰：《歷代名醫良方註釋》，北京：科技文獻出版社 1983 年版。

42. 北京大學圖書館編：《北京大學圖書館藏李氏書目·子部》（中），北京：北京大學圖書館 1957 年版。

43. 北京市社會科學研究所《北京歷史紀年》編寫組編：《北京歷史紀年》，北京：北京出版社 1984 年版。

44. 北京市通州區文化委員會編：《通州文物志》，北京：文化藝術出版社 2006 年版。

45. 北京正陽門管理處編纂：《北京正陽門》，北京：北京燕山出版社 2009 年版。

46. 北京石刻藝術博物館編著：《新日下訪碑錄》（房山卷），北京：北京燕山出版社 2013 年版。

47. 史濟彥、肖生靈：《生態性採伐系統》，哈爾濱：東北林業大學出版社 2001 年版。

48. 四川省地方志編纂委員會編纂：《四川省志·民族志》，成都：四川人民出版社 2000 年版。

49. 田發剛、譚笑編著：《鄂西土家族傳統文化概觀》，武漢：長江文藝出版社 1998 年版。

50. 白繼增、白傑：《北京會館基礎信息研究》，北京：中國商業出版社 2014 年版。

51. 吉同鈞：《大清現行刑律講義》，栗銘徽點校，北京：清華大學出版社 2017 年版。

52. 安成祥編撰：《石上歷史》，貴陽：貴州民族出版社 2015 年版。

53. 安徽省圖書館編：《安徽文獻書目》，合肥：安徽人民出版社 1961 年版。

54. 江西省遂川縣林業志編纂委員會編：《遂川縣林業志（1995～2006）》，南

昌：江西人民出版社 2007 年版。

55. 江澤慧等著：《中國林業工程》，濟南：濟南出版社 2002 年版。

56. 何智亞：《重慶湖廣會館：歷史與修復研究》，重慶：重慶出版社 2006 年版。

57. 何新華：《清代朝貢文書研究》，廣州：中山大學出版社 2016 年版。

58. 余同元、唐小祥主編：《蘇州房地產契證圖文集》，南京：江蘇人民出版社 2014 年版。

59. 余同元：《傳統工匠現代轉型研究──以江南早期工業化中工匠技術轉型與角色轉換爲中心》，天津：天津古籍出版社 2010 年版。

60. 余嘉華主編：《錢南園詩文集校注》，昆明：雲南民族出版社 2007 年版。

61. 克利福德·吉爾茲：《地方性知識：闡釋人類學論文集》，王海龍、張家瑄譯，北京：中央編譯局出版社 2000 年版。

62. 吳光酉、郭麟、周梁等撰：《陸隴其年譜》，諸家偉、張文玲點校，北京：中華書局 1993 年版。

63. 吳格、眭駿整理：《續修四庫全書總目提要·叢書部》，北京：北京圖書館出版社 2010 年版。

64. 呂浩：《〈篆隸萬象名義〉研究》，上海：上海古籍出版社 2006 年版。

65. 宋子然：《訓詁學》，成都：電子科技大學出版社 2012 年版。

66. 李文海主編：《民國時期社會調查叢編·鄉村社會卷》（二編），福州：福建教育出版社 2014 年版。

67. 李生江編著：《辰河湯湯》，北京：中國文史出版社 2014 年版。

68. 李青：《清代檔案與民事訴訟制度研究》，北京：中國政法大學出版社 2012 年版。

69. 李新魁、麥耘：《韻學古籍述要》，西安：陝西人民出版社 1993 年版。

70. 李叢芹：《漢字與中國設計》，北京：榮寶齋出版社 2007 年版。

71. 李懷蓀：《湘西秘史》（上），北京：作家出版社 2014 年版。

72. 李豔君編著：《從晃寧縣檔案看清代民事訴訟制度》，昆明：雲南大學出版社 2009 年版。

73. 杜建春編：《濟寧歷代詩選》（上），北京：中國社會出版社 2011 年版。

74. 汪廷奎、茅林立選註：《林則徐讀本》，福州：海峽文藝出版社 2015 年版。

75. 汪叔子編：《文廷式集》（下冊），北京：中華書局 1993 年版。

76. 汪湧豪、駱玉明編：《中國詩學》（第三卷），上海：東方出版中心 2008 年版。

77. 沅陵縣林業局編：《沅陵縣林業志》，北京：中國文史出版社 1990 年版。

78. 沈從文：《邊城》，長春：吉林美術出版社 2015 年版。

79. 沈融編著：《中國古兵器集成》（下），上海：上海辭書出版社 2015 年版。

80. 那思陸：《清代州縣衙門審判制度》，范忠信、尤陳俊校，北京：中國政法大學出版社 2006 年版。

81. 周良等主編：《通州漕運》，北京：文化藝術出版社 2004 年版。

82. 孟世傑編：《中國近百年史》，北京：知識產權出版社 2014 年版。

83. 岳永逸主編：《妙峰山廟會》，北京：光明日報出版社 2014 年版。

84. 岳立松：《晚清狹邪文學與京滬文化研究》，上海：上海古籍出版社 2013 年版。

85. 東北林學院主編：《木材運輸學》，北京：中國林業出版社 1986 年版。

86. 林忠佳、張添喜主編：《〈申報〉廣東資料選輯（六）》（1902.1～1907.6），廣州：廣東省檔案館 1995 年版。

87. 林則徐全集編纂委員會編：《林則徐全集》（第七冊），福州：海峽文藝出版社 2002 年版。

88. 林業部經營利用司編：《1958 年木材採運的技術革新》（第 2 輯·木材水運），北京：中國林業出版社 1959 年版。

89. 祁美琴：《清代榷關制度研究》，呼和浩特：內蒙古大學出版社 2004 年版。

90. 祁濟棠等編著：《木材水路運輸》，北京：中國林業出版社 1995 年版。

91. 侯清泉：《貴州歷代職官一覽表》，貴陽：中國近現代史料學學會貴陽市會員聯絡處 2003 年版。

92. 姚東昇輯、周明校注：《釋神校注》，成都：巴蜀書社 2015 年版。

93. 施海主編：《北京郊區古樹名木志》，北京：中國林業出版社 1995 年版。

94. 泉州市圖書館編：《泉州市著述志》（上），泉州：泉州市圖書館 1997 年版。

95. 胡元德：《古代公文文體流變》，揚州：廣陵書社 2012 年版。

96. 胡慶華：《黃陂方言拾零》，武漢：武漢出版社 2015 年版。

97. 胡鐵球：《明清歇家研究》，上海：上海古籍出版社 2015 年版。

98. 韋力：《魯迅古籍藏書漫談》（下卷），福州：福建教育出版社 2006 年版。

99. 香港中文大學圖書館編：《香港中文大學圖書館古籍善本書錄》（增訂版），香港：中文大學出版社 2001 年版。

100. 倪道善編著：《明清檔案概論》，成都：四川大學出版社 1990 年版。

101. 唐立、楊有賡、武內房司：《貴州苗族林業契約文書彙編（1736~1950 年）》（第三卷），東京：東京外國語大學國立亞非語言文化研究所 2001 年版。

102. 孫琴安：《唐詩選本六百種提要》，西安：陝西人民教育出版社 1980 年版。

103. 孫殿起錄：《販書偶記續編》，上海：上海古籍出版社 1980 年版。

104. 徐宇寧主編：《衢州簡史》，杭州：浙江人民出版社 2008 年版。

105. 徐望之編著：《公牘通論》，北京：檔案出版社 1988 年版。

106. 徐梓編註：《官箴》，北京：中央民族大學出版社 1996 年版。

107. 徐寒主編：《歷代古詞鑑賞》（下），北京：中國書店 2011 年版。

108. 徐曉光：《清水江流域林業經濟法制的歷史回溯》，貴陽：貴州人民出版社 2006 年版。

109. 徐曉光：《清水江流域傳統商貿規則與商業文化研究》，北京：社會科學文獻出版社 2018 年版。

110. 祝根山主編：《金華市風俗簡志》，金華：浙江省金華市文化局 1984 年版。

111. 秦國經主編：《清代官員履歷檔案全編》，上海：華東師範大學出版社 1997 年版。

112. 翁長松：《清代版本敘錄》，上海：上海遠東出版社 2015 年版。

113. 翁禮華：《縱橫捭闔：中國財稅文化透視》，北京：中國財政經濟出版社 2011 年版。

114. 馬子木：《清代大學士傳稿（1636～1795）》，濟南：山東教育出版社 2013 年版。

115. 馬維甫編著：《漫水河區域志》，合肥：黃山書社 2016 年版。

116. 馬積高、葉幼明主編：《歷代詞賦總匯》（清代卷）第 15 冊，長沙：湖南文藝出版社 2014 年版。

117. 高文瑞：《畫在京西古道》，南京：南京出版社 2013 年版。

118. 商衍鎏：《清代科舉考試述錄》，北京：生活·讀書·新知三聯書店 1983 年版。

119. 常州市木材公司編：《常州市木材志（1800～1985）》，常州：常州市木材公司 1986 年版。

120. 常棣等編著：《文史手冊》，南京：江蘇教育出版社 1987 年版。

121. 庾瀟誠：《胡煦易學研究》，吉隆坡：南大教育與研究基金會 2007 年版。

122. 張加勉編：《解讀故宮》，合肥：黃山書社 2013 年版。

123. 張原：《在文明與鄉野之間：貴州屯堡禮俗生活與歷史感的人類學考察》，北京：民族出版社 2008 年版。

124. 張晉藩主編：《清代律學名著選介》，北京：中國政法大學出版社 2009 年版。

125. 張偉仁主編：《明清檔案》，臺北：聯經出版事業公司 1986 年版。

126. 張富春：《[清]吳見思〈史記論文〉研究》，成都：巴蜀書社 2008 年版。

127. 張菊香、張鐵榮編著：《周作人年譜》，天津：天津人民出版社 2000 年版。

128. 張新民主編：《天柱文書》（第一輯第 20 冊），南京：江蘇人民出版社 2014 年版。

129. 張德澤：《清代國家機關考略》，北京：故宮出版社 2012 年版。

130. 張曉松：《符號與儀式：貴州山地文明圖典》（上），貴陽：貴州人民出版社 2006 年版。

131. 張應強、王宗勳主編：《清水江文書》（第一輯），桂林：廣西師範大學出版社 2007 年版。

132. 張應強：《木材之流動：清代清水江下游地區的市場、權力與社會》，北京：生活·讀書·新知三聯書店 2006 年版。

133. 曹善壽主編、李榮高編註：《雲南林業文化碑刻》，德宏：德宏民族出版社 2005 年版。

134. 曹穎甫著、姜佐景編按：《經方實驗錄》，季之愷、林晶點校，北京：中國中醫藥出版社 2012 年版。

135. 梁明武：《明清時期木材商品經濟研究》，北京：中國林業出版社 2012 年版。

136. 梁聰：《清代清水江下游村寨社會的契約規範與秩序——以文斗苗寨契約文書爲中心的研究》，北京：人民出版社 2008 年版。

137. 郭潤濤：《官府、幕友與書生——「紹興師爺」研究》，北京：中國社會科學出版社 1996 年版。

138. 陳伯海、朱易安編：《唐詩書目總錄》（上、下），上海：上海古籍出版社 2015 年版。

139. 陳伯熙編著：《上海軼事大觀》，上海：上海書店出版社 2000 年版。

140. 陳希育：《中國帆船與海外貿易》，廈門：廈門大學出版社 1991 年版。

141. 陳峰、蔡國斌：《中國財政通史（第七卷）清代財政史》（上），長沙：湖南人民出版社 2013 年版。

142. 陳海燕主編：《過雲樓藏書書目圖錄》，南京：鳳凰出版社 2014 年版。

143. 陳國代：《朱子學關涉人物裒輯——拱辰集》，北京：大眾文藝出版社 2008 年版。

144. 陳會林：《祥刑致和：長江流域的公堂與斷案》，武漢：長江出版社 2014 年版。

145. 陳榮、熊墨年、何曉暉主編：《中醫文獻》（下冊），北京：中醫古籍出版社 2007 年版。

146. 陳嶸：《造林學各論》，南京：中華農學會 1933 年版。

147. 陳鍾秀：《味雪詩存 味雪詩逸草》，張俊立校注、臨潭縣檔案局編，蘭州：甘肅文化出版社 2012 年版。

148. 陶澍、萬年淳等修撰：《洞庭湖志》，何培金點校，長沙：嶽麓書社 2009 年版。

149. 傅璇琮、羅聯添主編，閻琦卷主編：《唐代文學研究論著集成》（第三卷），西安：三秦出版社 2004 年版。

150. 傅璇琮總主編：《中國古代詩文名著提要》（明清卷、詩文評卷），石家莊：河北教育出版社 2009 年版。

151. 傅璇琮總主編：《續修四庫全書總目提要》，上海：上海古籍出版社 2014 年版。

152. 單洪根：《木材時代：清水江林業史話》，北京：中國林業出版社 2008 年版。

153. 單洪根：《錦屏文書與清水江木商文化》，北京：中國政法大學出版社 2017 年版。

154. 尋霖、龔篤清編著：《湘人著述表》（二），長沙：嶽麓書社 2009 年版。

155. 彭鋼等編：《貴州省志·大事記》（元明清），貴陽：貴州人民出版社 2007 年版。

156. 復旦大學圖書館編：《復旦大學圖書館古籍簡目初稿》（第 5 冊·子部），上海：復旦大學圖書館 1959 年版。

157. 曾岸、張錢雲編：《芷江縣志》（上），北京：中國言實出版社 2015 年版。

158. 曾棗莊：《中國古代文體學》（上），上海：上海人民出版社、上海書店出版社 2012 年版。

159. 植冠勳、何志紅編著：《內河船舶駕駛技術》，廣州：廣東科技出版社 1991 年版。

160. 湖南省文學藝術界聯合會編：《湖南諺語集成》（2），長沙：湖南文藝出版社 2009 年版。

161. 湖南省地方志編纂委員會編：《湖南通鑑》，長沙：湖南人民出版社 2007 年版。

162. 湖南省會同縣林業局編：《躍進中的會同林業》（第 2 輯），懷化：湖南省會同縣林業局 1958 年版。

163. 程康圃、楊鶴齡著，鄧鐵濤等點校：《嶺南兒科雙璧》，廣州：廣東省高等教育出版社 2002 年版。

164. 程澤時：《清水江文書之法意初探》，北京：中國政法大學出版社 2011 年版。

165. 程聯：《世界信託考證》，上海：商務印書館 1933 年版。

166. 貴州省地方志編纂委員會編：《貴州省志·軍事志》，貴陽：貴州人民出版社 1995 年版。

167. 貴州省編輯組編：《侗族社會歷史調查》，貴陽：貴州民族出版社 1988 年版。

168. 貴州省錦屏縣平秋鎮魁膽村志編纂委員會編：《魁膽村志》，北京：方志出版社 2017 年版。

169. 貴州省錦屏縣志編纂委員會編：《錦屏縣志》，貴陽：貴州人民出版社 1995 年版。

170. 閔寬東、陳文新、劉僖俊：《韓國所藏中國文言小說版本目錄》，武漢：武漢大學出版社 2015 年版。

171. 黃本驥：《黃本驥》，劉範弟校點，長沙：嶽麓書社 2009 年版。

172. 黃再琳主編：《貴州省天柱縣地名志》，天柱：天柱縣人民政府 1987 年版。

173. 黃宗智：《清代的法律、社會與文化：民法的表達與實踐》，上海：上海書店出版社 2007 年版。

174. 黃德才編：《木材水運工藝》，北京：中國林業出版社 1991 年版。

175. 慈利縣志編纂委員會編：《慈利縣志》，北京：農業出版社 1990 年版。

176. 綏寧縣志編纂委員會編：《綏寧縣志》，北京：方志出版社 1997 年版。

177. 萬里、劉範弟、周小喜輯校：《炎帝歷史文獻選編》，長沙：湖南大學出版社 2012 年版。

178. 葉世昌、潘連貴：《中國古代金融史》，上海：復旦大學出版社 2001 年版。

179. 葉德輝：《書目答問斠補》，載張之洞著，陳居淵編，朱維錚校：《書目答問二種》，上海：中西書局 2012 年版。

180. 董希謙、張啓煥主編：《許慎與〈說文解字〉研究》，開封：河南大學出版社 1988 年版。

181. 詹姆士·斯科特：《逃避統治的藝術：東南亞高地的無政府主義歷史》，王曉毅譯，北京：生活·讀書·新知三聯書店 2016 年版。

182. 賈奎連主編：《糧食加工廠設計與安裝》，成都：西南交通大學出版社 2006 年版。

183. 零陵地區交通志編纂辦公室編：《零陵地區交通志》，長沙：湖南出版社 1993 年版。

184. 雷榮廣、姚樂野：《清代文書綱要》，成都：四川大學出版社 1990 年版。

185. 漆子揚：《邢澍詩文箋疏及研究》，蘭州：甘肅人民出版社 2008 年版。

186. 熊大桐主編：《中國林業科學技術史》，北京：中國林業出版社 1995 年版。

187. 熊大桐等編著：《中國近代林業史》，北京：中國林業出版社 1989 年版。

188. 趙芳編著：《中國古代篆刻》，北京：中國商業出版社 2015 年版。

189. 趙祿祥、賴長揚主編：《資政要鑒·經濟卷》（下），北京：中國檔案出版社 2009 年版。

190. 劉小喬編著：《魚雁尺牘——古代書信集錦》，合肥：黃山書社 2015 年版。

191. 劉四麟主編：《糧食工程設計手冊》，鄭州：鄭州大學出版社 2002 年版。

192. 劉建國編：《中國哲學史史料學概要》，長春：吉林人民出版社 1983 年版。

193. 劉復共、李家瑞編：《宋元以來俗字譜》，北平：歷史語言研究所 1930 年版。

194. 劉朝輝：《嘉慶道光年間制錢問題研究》，北京：文物出版社 2012 年版。

195. 劉廣安、沈成寶：《清代法律體系辨析》，北京：中國政法大學出版社 2017 年版。

196. 廣東省南海市政協文史和學習委員會、中共廣東省南海市黃岐區委宣傳辦編：《近代科技先驅鄒伯奇》，南海：廣東省南海市政協文史和學習委員會、中共廣東省南海市黃岐區委宣傳辦 2002 年版。

197. 歐陽哲生、劉慧娟、胡宗剛編：《范源廉集》，長沙：湖南教育出版社 2009 年版。

198. 潘自華編：《浠水方言詞彙》，浠水：浠水縣文化館 2003 年版。

199. 潘志成、吳大華、梁聰編著：《清江四案研究》，貴陽：貴州民族出版社 2014 年版。

200. 潘雨廷：《讀易提要》，上海：上海古籍出版社 2006 年版。

201. 潘慶雲：《中國法律語言鑒衡》，上海：漢語大詞典出版社 2004 年版。

202. 蔣德學編：《貴州近代經濟史資料選輯》（上），成都：四川省社會科學院出版社 1987 年版。

203. 鄧之誠輯：《骨董瑣記》（《民國叢書》本），上海：上海書店 1996 年版。

204. 鄧亦兵編著：《清代前期商品流通研究》，天津：天津古籍出版社 2009 年版。

205. 鄧喬彬：《雜綴集》，蕪湖：安徽師範大學出版社 2013 年版。

206. 樹海編：《南方林區木排紮運技術彙編》，北京：森林工業出版社 1957 年版。

207. 遵義市政協文史與學習委員會編：《遵義歷史文化知識手冊》，北京：中國文史出版社 2011 年版。

208. 遼寧省博物館編：《歷代官制簡表》，瀋陽：遼寧省博物館 1976 年版。

209. 錢曾：《讀書敏求記》，北京：書目文獻出版社 1984 年版。

210. 錢實甫編：《清代職官年表》（第三冊），北京：中華書局 1980 年版。

211. 錦屏縣三江鎮人民政府編：《三江鎮志》，錦屏：錦屏縣三江鎮人民政府 2011 年版。

212. 錦屏縣地方縣志編纂委員會編：《錦屏縣志（1991～2009）》（下），北京：方志出版社 2011 年版。

213. 戴建兵、孫文閣輯註：《河北府縣鄉土碑刻輯錄》，天津：天津古籍出版社 2016 年版。

214. 藍寶鎮、陶紹棣編：《南方林區木材生產技術手冊》，北京：中國林業出版社 1958 年版。

215. 魏光奇：《有法與無法：清代州縣制度及其運作》，北京：商務印書館 2010 年版。

216. 羅洪洋：《法人類學的理論與實踐》，北京：中國政法大學出版社 2013 年版。

217. 羅振玉：《雪堂類稿》，瀋陽：遼寧教育出版社 2003 年版。

218. 羅時漢：《白沙洲蘆家》，北京：中國文聯出版社 2006 年版。

219. 羅康隆、張振興編著、楊庭碩審訂：《〈苗防備覽·風俗考〉研究》，貴陽：貴州人民出版社 2010 年版。

220. 羅楊總主編：《中國民間故事叢書》（江蘇南通·海安卷），北京：知識產權出版社 2016 年版。

221. 譚邦和主編：《雲中錦書：歷代尺牘小品》，武漢：崇文書局 2016 年版。

222. 關騰飛、梁偉民主編：《船舶管理》，大連：大連海事大學出版社 2001 年版。

223. 龐樸主編：《中國儒學》（第二卷），上海：東方出版中心 1997 年版。

224. 饒有生主編：《黔東南苗族侗族自治州志·輕紡工業志》，貴陽：貴州人民出版社 2005 年版。

225. 饒國慶等編：《伏跗室藏書目錄》，寧波：寧波出版社 2003 年版。

226. 龔永輝：《民族意識調控說：民族識別與民族理論的文化自覺》，南寧：廣西民族出版社 1996 年版。

227. 靄理士：《性心理學》，潘光旦譯註，上海：上海三聯書店 2006 年版。

228. 靄理士：《性心理學》，潘光旦譯註，北京：生活·讀書·新知三聯書店 1987 年版。

後　記

這一本小書的撰寫，所經由的地點可謂眾多。除了早已在文獻中聞見這一抄本外，最早當是在貴州錦屏縣訪得相原佳之博士寄送王宗勳先生的部分抄本複印件。彼時時間緊張，有賴張繼淵兄在高速路口「攔車遞書」，方得攜之上京。隨後，在距清華南門不遠的中國科學院國家科學圖書館，終於見到《採運皇木案牘》抄本的真容。對照原抄本，始得系統整理點校。

初校稿之大部，是在海德堡住處及研究所的辦公室完成的。其間，尚承相原佳之博士慷慨惠賜其所整理之複印件的電子版本。二月份赴巴黎，九日最終在巴黎完成初校稿。四月，得德國馬克斯·韋伯基金會（Max Weber Stiftung）的資助回國調研，再赴北京查閱原抄本。由於已經初校一遍，此次校訂屬於有的放矢，解決了不少「疑難雜症」，據此完成了「現場二校本」。

回德後，先是在海德堡的馬克斯·普朗克比較公法與國際法研究所（MPIL）工作一月有餘；七月起，又赴位於法蘭克福的德國馬克斯·普朗克歐洲法律史研究所（MPIeR）訪問研究，本書最終即完成於此。

除此之外，書中的部分內容還曾於十月在英國謝菲爾德的研討會上蒙諸與會老師指教。至十一月初，在比利時魯汶收到書稿的校樣，自是得以系統改訂稿件、覆校全文。

感謝導師海德堡大學紀安諾（Enno Giele）教授的指導，感謝日本東洋文庫相原佳之博士、北京大學郭潤濤教授、錦屏縣王宗勳先生、張繼淵兄及唐俊峰同學的惠助、指教。並感謝中國國家留學基金委員會（CSC）、德國馬克斯·普朗克歐洲法律史研究所、馬克斯·韋伯基金會及馬克斯·普朗克比較公法與國際法研究所的支持。

從海德堡主街旁的噴泉轉出，研究所的三層小樓在老城泉巷
（Brunnengasse）深處。門前有大樹如蓋，隨四季變化，或新芽青翠，或落英
滿阶。以至於每次拾級進門，都有「躲進小樓成一統」之感。得於廣袤舊大
陸之一隅安靜著作此書，實有賴於多方幫助，中心感泅無既，而又多有惶恐。
書中的錯訛之處，尚請讀者原諒，並祈不吝指正。

總將被憶起的，是高郵二王故居門前的斑駁光影與清水江畔初上文斗寨
的石階小徑，那些紛揚的細密冬雪和悠遠的夏日午後，足以使一切現今的意
義都顯得其來有自。

2018 年 9 月 30 日
於海德堡泉巷
12 月 4 日
改定於法蘭克福寓所